心一堂術數古籍珍本叢刊

書名：《家傳三元古今名墓圖集附謝氏水鉗》《蔣氏三元名墓圖集》合刊（上）
系列：心一堂術數古籍珍本叢刊　堪輿類　蔣徒張仲馨三元真傳系列　第二輯　183
作者：【清】孫景堂、劉樂山、張稼夫輯註
主編、責任編輯：陳劍聰
心一堂術數古籍珍本叢刊編校小組：陳劍聰　素聞　梁松盛　鄒偉才　虛白盧主

出版：心一堂有限公司
通訊地址：香港九龍旺角彌敦道六一〇號荷李活商業中心十八樓〇五—〇六室
深港讀者服務中心·中國深圳市羅湖區立新路六號羅湖商業大厦負一層〇〇八室
電話號碼：(852)67150840
網址：publish.sunyata.cc
電郵：sunyatabook@gmail.com
網店：http://book.sunyata.cc
淘寶店地址：https://shop210782774.taobao.com
微店地址：https://weidian.com/s/1212826297
臉書：https://www.facebook.com/sunyatabook
讀者論壇：http://bbs.sunyata.cc/

版次：二零一七年三月初版
平裝：兩冊不分售

定價：港幣　一千三百八十元正
　　　新台幣　五千三百八十元正

國際書號：ISBN 978-988-8317-49-3

香港發行：香港聯合書刊物流有限公司
地址：香港新界大埔汀麗路36號中華商務印刷大廈3樓
電話號碼：(852)2150-2100
傳真號碼：(852)2407-3062
電郵：info@suplogistics.com.hk

台灣發行：秀威資訊科技股份有限公司
地址：台灣台北市內湖區瑞光路七十六巷六十五號一樓
電話號碼：+886-2-2796-3638
傳真號碼：+886-2-2796-1377
網絡書店：www.bodbooks.com.tw
台灣國家書店讀者服務中心：
地址：台灣台北市中山區松江路二〇九號一樓
電話號碼：+886-2-2518-0207
傳真號碼：+886-2-2518-0778
網絡書店：http://www.govbooks.com.tw

中國大陸發行　零售：深圳心一堂文化傳播有限公司
深圳地址：深圳市羅湖區立新路六號羅湖商業大厦負一層〇〇八室
電話號碼：(86)0755-82224934

心一堂微店二維碼

心一堂淘寶店二維碼

心一堂術數古籍 珍本叢刊 總序
整理

術數定義

術數，大概可謂以「推算（推演）、預測人（個人、群體、國家等）、事、物、自然現象、時間、空間方位等規律及氣數，並或通過種種『方術』，從而達致趨吉避凶或某種特定目的」之知識體系和方法。

術數類別

我國術數的內容類別，歷代不盡相同，例如《漢書・藝文志》中載，漢代術數有六類：天文、曆譜、五行、蓍龜、雜占、形法。至清代《四庫全書》，術數類則有：數學、占候、相宅相墓、占卜、命書、相書、陰陽五行、雜技術等，其他如《後漢書・方術部》、《藝文類聚・方術部》、《太平御覽・方術部》等，對於術數的分類，皆有差異。古代多把天文、曆譜、及部分數學均歸入術數類，而民間流行亦視傳統醫學作為術數的一環；此外，有些術數與宗教中的方術亦往往難以分開。現代民間則常將各種術數歸納為五大類別：命、卜、相、醫、山，通稱「五術」。

本叢刊在《四庫全書》的分類基礎上，將術數分為九大類別：占筮、星命、相術、堪輿、選擇、三式、讖諱、理數（陰陽五行）、雜術（其他）。而未收天文、曆譜、算術、宗教方術、醫學。

術數思想與發展——從術到學，乃至合道

我國術數是由上古的占星、卜筮、形法等術發展下來的。其中卜筮之術，是歷經夏商周三代而通過「龜卜、蓍筮」得出卜（筮）辭的一種預測（吉凶成敗）術，之後歸納並結集成書，此即現傳之《易

經》。經過春秋戰國至秦漢之際，受到當時諸子百家的影響、儒家的推崇，遂有《易傳》等的出現，原本是卜筮術書的《易經》，被提升及解讀成有包涵「天地之道（理）」之學。因此，《易．繫辭傳》曰：「易與天地準，故能彌綸天地之道。」

漢代以後，易學中的陰陽學說，與五行、九宮、干支、氣運、災變、律曆、卦氣、讖緯、天人感應說等相結合，形成易學中象數系統。而其他原與《易經》本來沒有關係的術數，如占星、形法、選擇，亦漸漸以易理（象數學說）為依歸。《四庫全書．易類小序》云：「術數之興，多在秦漢以後。要其旨，不出乎陰陽五行，生尅制化。實皆《易》之支派，傳以雜說耳。」至此，術數可謂已由「術」發展成「學」。

及至宋代，術數理論與理學中的河圖洛書、太極圖、邵雍先天之學及皇極經世等學說給合，通過術數以演繹理學中「天地中有一太極，萬物中各有一太極」（《朱子語類》）的思想。術數理論不單已發展至十分成熟，而且也從其學理中衍生一些新的方法或理論，如《梅花易數》、《河洛理數》等。

在傳統上，術數功能往往不止於僅僅作為趨吉避凶的方術，及「能彌綸天地之道」的學問，亦有其「修心養性」的功能，「與道合一」（修道）的內涵。《素問．上古天真論》：「上古之人，其知道者，法於陰陽，和於術數。」數之意義，不單是外在的算數、歷數、氣數，而是與理學中同等的「道」、「理」——心性的功能，北宋理氣家邵雍對此多有發揮：「聖人之心，是亦數也」、「萬化萬事生乎心」、「心為太極」。《觀物外篇》：「先天之學，心法也。……蓋天地萬物之理，盡在其中矣，心一而不分，則能應萬物。」反過來說，宋代的術數理論，受到當時理學、佛道及宋易影響，認為心性本質上是等同天地之太極。天地萬物氣數規律，能通過內觀自心而有所感知，即是內心也已具備有術數的推演及預測、感知能力；相傳是邵雍所創之《梅花易數》，便是在這樣的背景下誕生。

《易．文言傳》已有「積善之家，必有餘慶；積不善之家，必有餘殃」之說，至漢代流行的災變說及讖緯說，我國數千年來都認為天災，異常天象（自然現象），皆與一國或一地的施政者失德有關；下至家族、個人之盛衰，也都與一族一人之德行修養有關。因此，我國術數中除了吉凶盛衰理數之外，人心的德行修養，也是趨吉避凶的一個關鍵因素。

術數與宗教、修道

在這種思想之下，我國術數不單只是附屬於巫術或宗教行為的方術，又往往是一種宗教的修煉手段--通過術數，以知陰陽，乃至合陰陽（道）。「其知道者，法於陰陽，和於術數。」例如，「奇門遁甲」術中，即分為「術奇門」與「法奇門」兩大類。「法奇門」中有大量道教中符籙、手印、存想、內煉的內容，是道教內丹外法的一種重要外法修煉體系。甚至在雷法一系的修煉上，亦大量應用了術數內容。此外，相術、堪輿術中也有修煉望氣（氣的形狀、顏色）的方法；堪輿家除了選擇陰陽宅之吉凶外，也有道教中選擇適合修道環境（法、財、侶、地中的地）的方法，以至通過堪輿術觀察天地山川陰陽之氣，亦成為領悟陰陽金丹大道的一途。

易學體系以外的術數與的少數民族的術數

我國術數中，也有不用或不全用易理作為其理論依據的，如揚雄的《太玄》、司馬光的《潛虛》。也有一些占卜法、雜術不屬於《易經》系統，不過對後世影響較少而已。

外來宗教及少數民族中也有不少雖受漢文化影響（如陰陽、五行、二十八宿等學說。）但仍自成系統的術數，如古代的西夏、突厥、吐魯番等占卜及星占術，藏族中有多種藏傳佛教占卜術、苯教占卜術、擇吉術、推命術、相術等；北方少數民族有薩滿教占卜術；不少少數民族如水族、白族、布朗族、佤族、彝族、苗族等，皆有占雞（卦）草卜、雞蛋卜等術，納西族的占星術、占卜術，彝族畢摩的推命術、占卜術……等等，都是屬於《易經》體系以外的術數。相對上，外國傳入的術數以及其理論，對我國術數影響更大。

曆法、推步術與外來術數的影響

我國的術數與曆法的關係非常緊密。早期的術數中，很多是利用星宿或星宿組合的位置（如某星在某州或某宮某度）付予某種吉凶意義，并據之以推演，例如歲星（木星）、月將（某月太陽所躔之宮次）等。不過，由於不同的古代曆法推步的誤差及歲差的問題，若干年後，其術數所用之星辰的位置，已與真實星辰的位置不一樣了；此如歲星（木星），早期的曆法及術數以十二年為一周期（以應地支），與木星真實周期十一點八六年，每幾十年便錯一宮。後來術家又設一「太歲」的假想星體來解決，是歲星運行的相反，週期亦剛好是十二年。而術數中的神煞，很多即是根據太歲的位置而定。又如六壬術中的「月將」，原是立春節氣後太陽躔娵訾之次而稱作「登明亥將」，至宋代，因歲差的關係，要到雨水節氣後太陽才躔娵訾之次，當時沈括提出了修正，但明清時六壬術中「月將」仍然沿用宋代沈括修正的起法沒有再修正。

由於以真實星象周期的推步術是非常繁複，而且古代星象推步術本身亦有不少誤差，大多數術數除依曆書保留了太陽（節氣）、太陰（月相）的簡單宮次計算外，漸漸形成根據干支、日月等的各自起例，以起出其他具有不同含義的眾多假想星象及神煞系統。唐宋以後，我國絕大部分術數都主要沿用這一系統，也出現了不少完全脫離真實星象的術數，如《子平術》、《紫微斗數》、《鐵版神數》等。後來就連一些利用真實星辰位置的術數，如《七政四餘術》及選擇法中的《天星選擇》，也已與假想星象及神煞混合而使用了。

隨着古代外國曆（推步）、術數的傳入，如唐代傳入的印度曆法及術數，元代傳入的回回曆等，其中我國占星術便吸收了印度占星術中羅睺星、計都星等而形成四餘星，又通過阿拉伯占星術而吸收了其中來自希臘、巴比倫占星術的黃道十二宮、四大（四元素）學說（地、水、火、風），並與我國傳統的二十八宿、五行說、神煞系統並存而形成《七政四餘術》。此外，一些術數中的北斗星名，不用我國傳統的星名：天樞、天璇、天璣、天權、玉衡、開陽、搖光，而是使用來自印度梵文所譯的：貪狼、巨門、祿存、文曲，廉貞、武曲、破軍等，此明顯是受到唐代從印度傳入的曆法及占星術所影響。如星命術中的《紫微斗數》及堪輿術中的《撼龍經》等文獻中，其星皆用印度譯名。及至清初《時憲曆》，置閏之法則改用西法「定氣」。清代以後的術數，又作過不少的調整。

此外，我國相術中的面相術、手相術，唐宋之際受印度相術影響頗大，至民國初年，又通過翻譯歐西、日本的相術書籍而大量吸收歐西相術的內容，形成了現代我國坊間流行的新式相術。

陰陽學——術數在古代、官方管理及外國的影響

術數在古代社會中一直扮演着一個非常重要的角色，影響層面不單只是某一階層、某一職業、某一年齡的人，而是上自帝王，下至普通百姓，從出生到死亡，不論是生活上的小事如洗髮、出行等，大事如建房、入伙、出兵等，從個人、家族以至國家，從天文、氣象、地理到人事、軍事，從民俗、學術到宗教，都離不開術數的應用。我國最晚在唐代開始，已把以上術數之學，稱作陰陽（學），行術數者稱陰陽人。（敦煌文書、斯四三二七唐《師師漫語話》：「以下說陰陽人謾語話」，此說法後來傳入日本，今日本人稱行術數者為「陰陽師」）。一直到了清末，欽天監中負責陰陽術數的官員中，以及民間術數之士，仍名陰陽生。

古代政府的中欽天監（司天監），除了負責天文、曆法、輿地之外，亦精通其他如星占、選擇、堪輿等術數，除在皇室人員及朝庭中應用外，也定期頒行日書、修定術數，使民間對於天文、日曆用事吉凶及使用其他術數時，有所依從。

我國古代政府對官方及民間陰陽學及陰陽官員，從其內容、人員的選拔、培訓、認證、考核、律法監管等，都有制度。至明清兩代，其制度更為完善、嚴格。

宋代官學之中，課程中已有陰陽學及其考試的內容。（宋徽宗崇寧三年〔一一零四年〕崇寧算學令：「諸學生習……並曆算、三式、天文書。」「諸試……三式即射覆及預占三日陰陽風雨。天文即預

定一月或一季分野災祥，並以依經備草合問為通。」

金代司天臺，從民間「草澤人」（即民間習術數人士）考試選拔：「其試之制，以《宣明曆》試推步，及《婚書》、《地理新書》試合婚、安葬，並《易》筮法，六壬課、三命、五星之術。」（《金史》卷五十一・志第三十二・選舉一）

元代為進一步加強官方陰陽學對民間的影響、管理、控制及培育，除沿襲宋代、金代在司天監掌管陰陽學及中央的官學陰陽學課程之外，更在地方上增設陰陽學課程（《元史・選舉志一》：「世祖至元二十八年夏六月始置諸路陰陽學。」）地方上也設陰陽學教授員，培育及管轄地方陰陽人。（《元史・選舉志一》：「（元仁宗）延祐初，令陰陽人依儒醫例，於路、府、州設教授員，凡陰陽人皆管轄之，而上屬於太史焉。」）自此，民間的陰陽術士（陰陽人），被納入官方的管轄之下。

至明清兩代，陰陽學制度更為完善。中央欽天監掌管陰陽學，明代地方縣設陰陽學正術，各州設陰陽學典術，各縣設陰陽學訓術。陰陽人從地方陰陽學肆業或被選拔出來後，再送到欽天監考試。（《大明會典》卷二二三：「凡天下府州縣舉到陰陽人堪任正術等官者，俱從吏部送（欽天監），考中，送回選用；不中者發回原籍為民，原保官吏治罪。」）清代大致沿用明制，凡陰陽術數之流，悉歸中央欽天監及地方陰陽官員管理、培訓、認證。至今尚有「紹興府陰陽印」、「東光縣陰陽學記」等明代銅印，及某某縣某某之清代陰陽執照等傳世。

清代欽天監漏刻科對官員要求甚為嚴格。《大清會典》「國子監」規定：「凡算學之教，設肄業生。滿洲十有二人，蒙古、漢軍各六人，於各旗官學內考取。漢十有二人，於舉人、貢監生童內考取。附學生二十四人，由欽天監選送。教以天文演算法諸書，五年學業有成，舉人引見以欽天監博士用，貢監生童以天文生補用。」學生在官學肄業、貢監生肄業或考得舉人後，經過了五年對天文、算法、陰陽學的學習，其中精通陰陽術數者，會送往漏刻科。而在欽天監供職的官員，《大清會典則例》「欽天監」規定：「本監官生三年考核一次，術業精通者，保題升用。不及者，停其升轉，再加學習。如能黽勉供職，即予開復。仍不及者，降職一等，再令學習三年，能習熟者，准予開復，仍不能者，黜退。」除定期考核以定其升用降職外，《大清律例》中對陰陽術士不準確的推斷（妄言禍福）是要治罪的。《大清律例・一七八・術七・妄言禍福》：「凡陰陽術士，不許於大小文武官員之家妄言禍福，違者杖一百。其依經推算星命卜課，不在禁限。」大小文武官員延請的陰陽術士，自然是以欽天監漏刻科官員或地方陰陽官員為主。

官方陰陽學制度也影響鄰國如朝鮮、日本、越南等地，一直到了民國時期，鄰國仍然沿用着我國的多種術數。而我國的漢族術數，在古代甚至影響遍及西夏、突厥、吐蕃、阿拉伯、印度、東南亞諸國。

術數研究

術數在我國古代社會雖然影響深遠，「是傳統中國理念中的一門科學，從傳統的陰陽、五行、九宮、八卦、河圖、洛書等觀念作大自然的研究。……傳統中國的天文學、數學、煉丹術等，要到上世紀中葉始受世界學者肯定。可是，術數還未受到應得的注意。術數在傳統中國科技史、思想史，文化史、社會史，甚至軍事史都有一定的影響。……更進一步了解術數，我們將更能了解中國歷史的全貌。」（何丙郁《術數、天文與醫學中國科技史的新視野》，香港城市大學中國文化中心。）

可是術數至今一直不受正統學界所重視，加上術家藏秘自珍，又揚言天機不可洩漏，「（術數）乃吾國科學與哲學融貫而成一種學說，數千年來傳衍嬗變，或隱或現，全賴一二有心人為之繼續維繫，賴以不絕，其中確有學術上研究之價值，非徒癡人說夢，荒誕不經之謂也。其所以至今不能在科學中成立一種地位者，實有數因。蓋古代士大夫階級目醫卜星相為九流之學，多恥道之；而發明諸大師又故為惝恍迷離之辭，以待後人探索；間有一二賢者有所發明，亦秘莫如深，既恐洩天地之秘，復恐譏為旁門左道，始終不肯公開研究，成立一有系統說明之書籍，貽之後世。故居今日而欲研究此種學術，實一極困難之事。」（民國徐樂吾《子平真詮評註》，方重審序）

現存的術數古籍，除極少數是唐、宋、元的版本外，絕大多數是明、清兩代的版本。其內容也主要是明、清兩代流行的術數，唐宋或以前的術數及其書籍，大部分均已失傳，只能從史料記載、出土文獻、敦煌遺書中稍窺一鱗半爪。

術數版本

坊間術數古籍版本，大多是晚清書坊之翻刻本及民國書賈之重排本，其中豕亥魚魯，或任意增刪，往往文意全非，以至不能卒讀。現今不論是術數愛好者，還是民俗、史學、社會、文化、版本等學術研究者，要想得一常見術數書籍的善本、原版，已經非常困難，更遑論如稿本、鈔本、孤本等珍稀版本。在文獻不足及缺乏善本的情況下，要想對術數的源流、理法、及其影響，作全面深入的研究，幾不可能。

有見及此，本叢刊編校小組經多年努力及多方協助，在海內外搜羅了二十世紀六十年代以前漢文為主的術數類善本、珍本、鈔本、孤本、稿本、批校本等數百種，精選出其中最佳版本，分別輯入兩個系列：

一、心一堂術數古籍珍本叢刊

二、心一堂術數古籍整理叢刊

前者以最新數碼（數位）技術清理、修復珍本原本的版面，更正明顯的錯訛，部分善本更以原色彩色精印，務求更勝原本。并以每百多種珍本、一百二十冊為一輯，分輯出版，以饗讀者。

後者延請、稿約有關專家、學者，以善本、珍本等作底本，參以其他版本，古籍進行審定、校勘、注釋，務求打造一最善版本，方便現代人閱讀、理解、研究等之用。

限於編校小組的水平，版本選擇及考證、文字修正、提要內容等方面，恐有疏漏及舛誤之處，懇請方家不吝指正。

心一堂術數古籍 珍本 整理 叢刊編校小組

二零零九年七月序

二零一四年九月第三次修訂

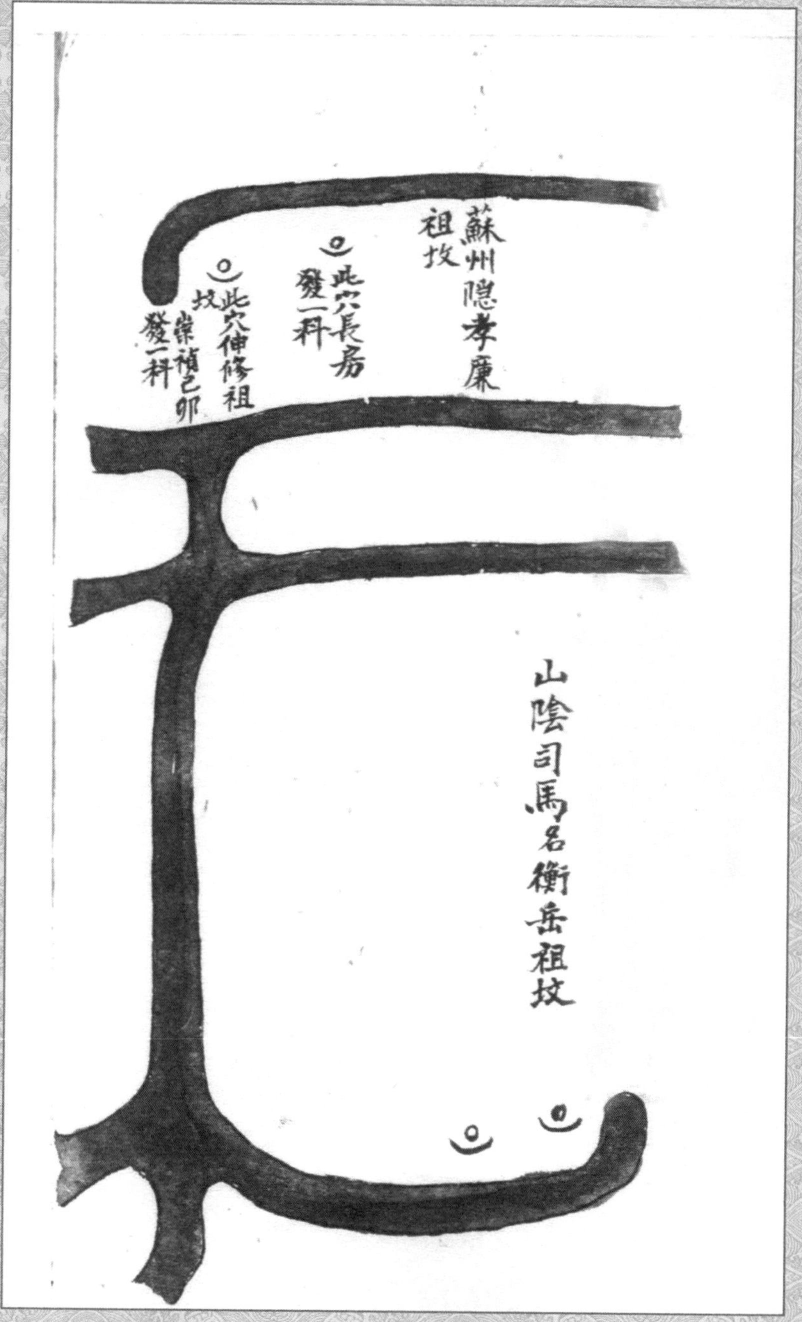
蘇州隱孝廉祖坟
此穴長房發一科
此穴伸修祖坟崇禎己卯發一科
山陰司馬名衡岳祖坟

烏城嚴舍閔氏祖坟三百来科甲最多不可不詳究其地
劉仁先生將此偽圖傳與門人
張霽峰曰此圖失真妄言科甲後有漏道
而無後托之必定敗絕之坟也今將集劉仁
之名墓圖繪於左

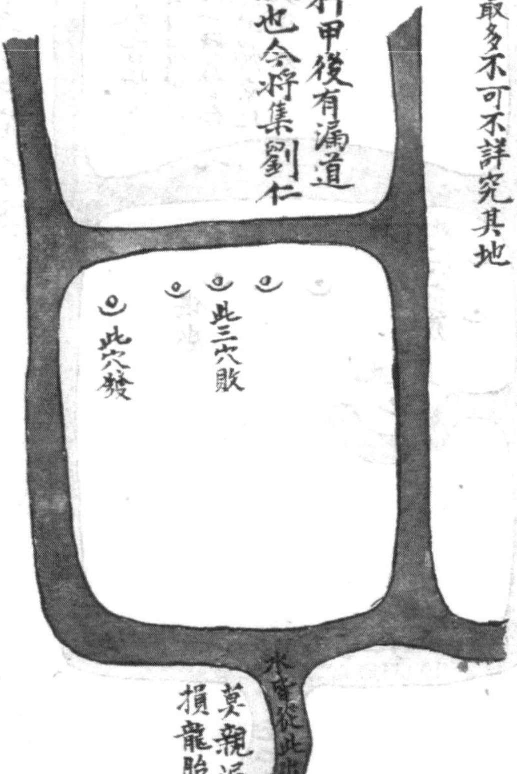

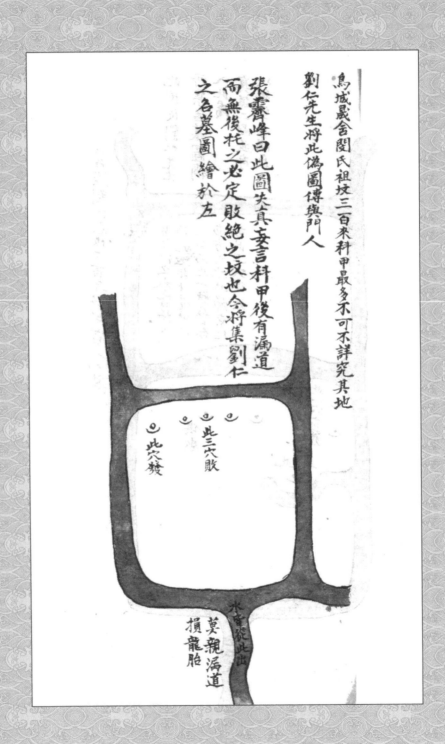

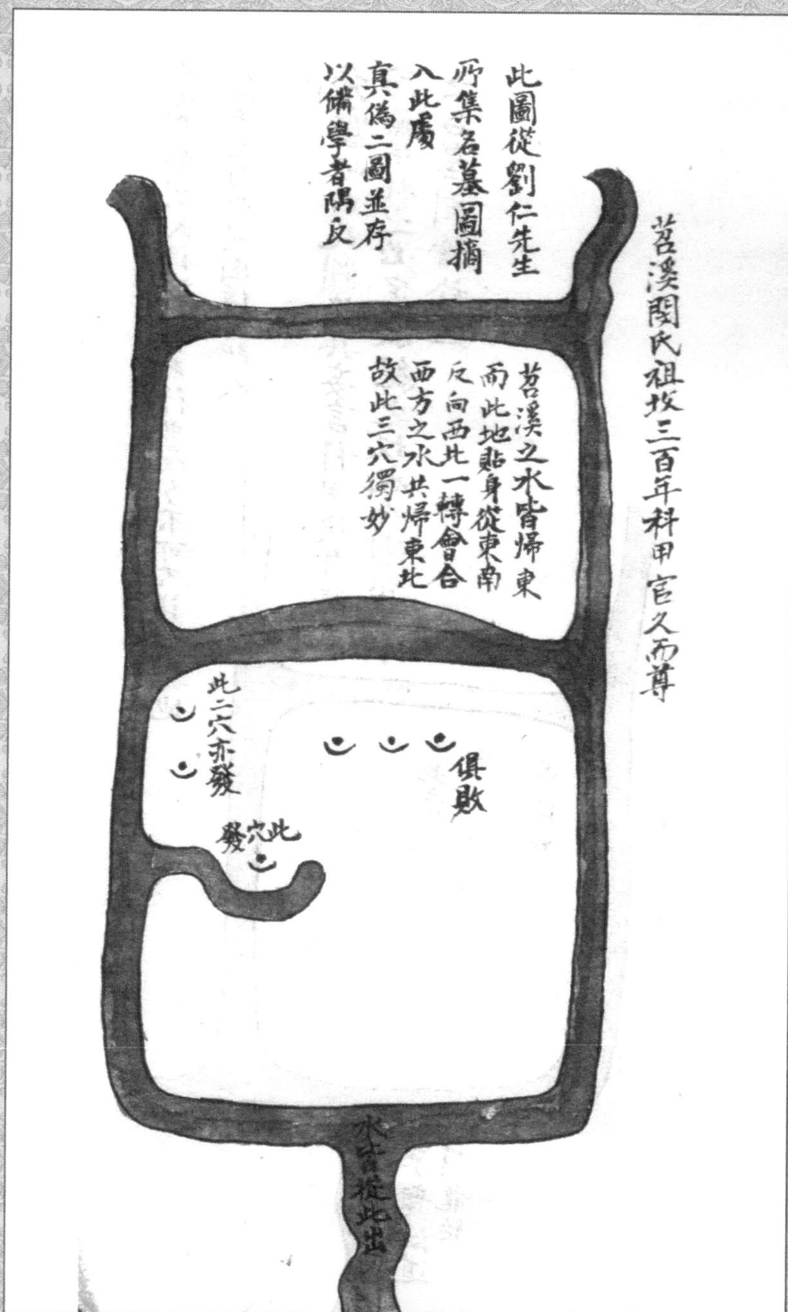
此圖從劉仁先生所集名墓圖摘入此處真僞二圖並存以備學者隅反
苕溪閔氏祖墳三百年科甲官久而尊
苕溪之水皆歸東而此地貼身從東南反向西北一轉會合西方之水共歸東北故此三穴獨妙
此二穴亦發
俱敗
此穴發
水皆從此出

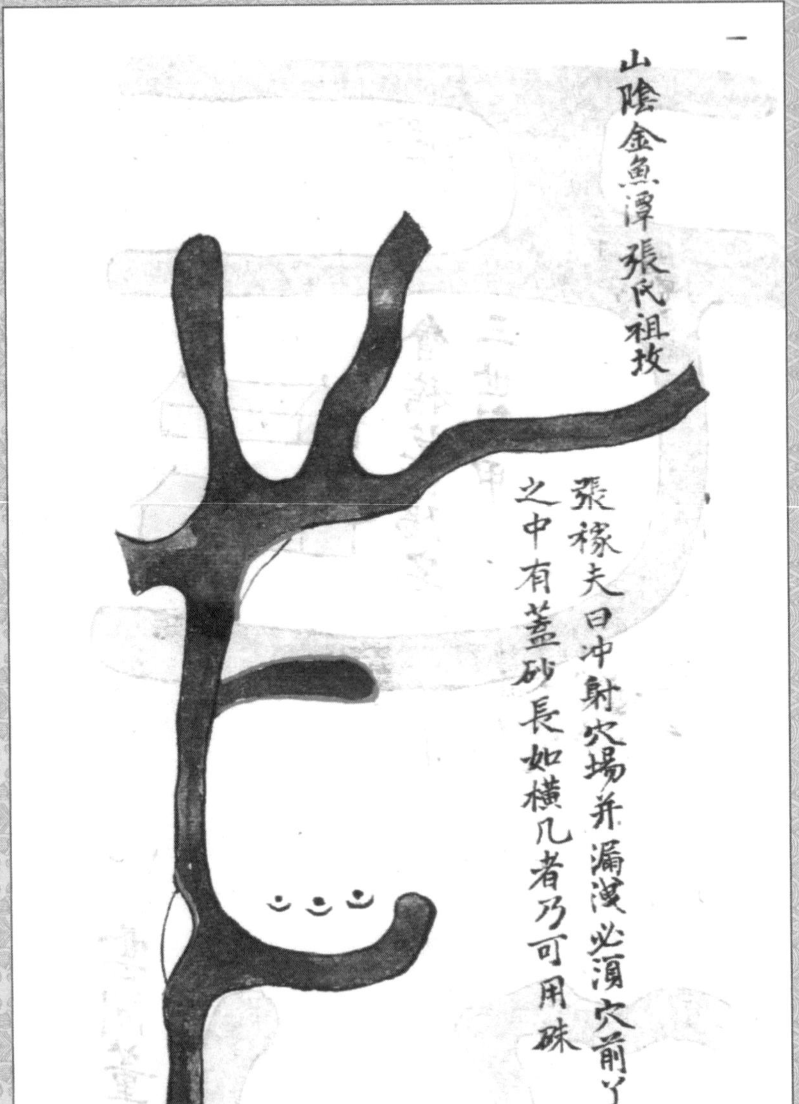
一
山陰金魚潭 張氏祖坟
張稼夫曰冲射穴場并漏洩必須穴前丫义浜
之中有蓋砂長如横几者乃可用砞

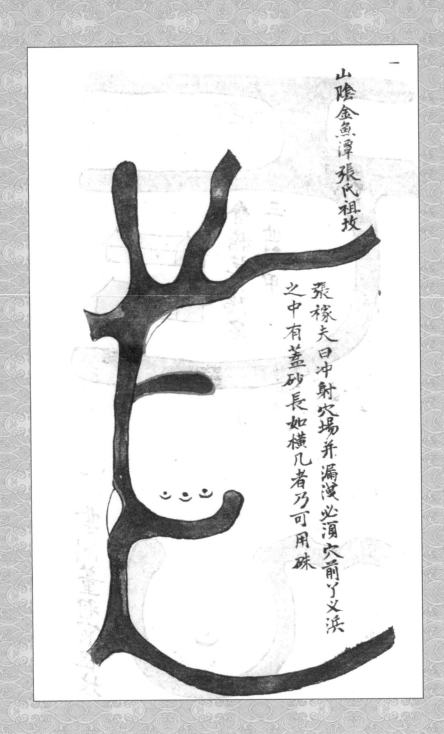

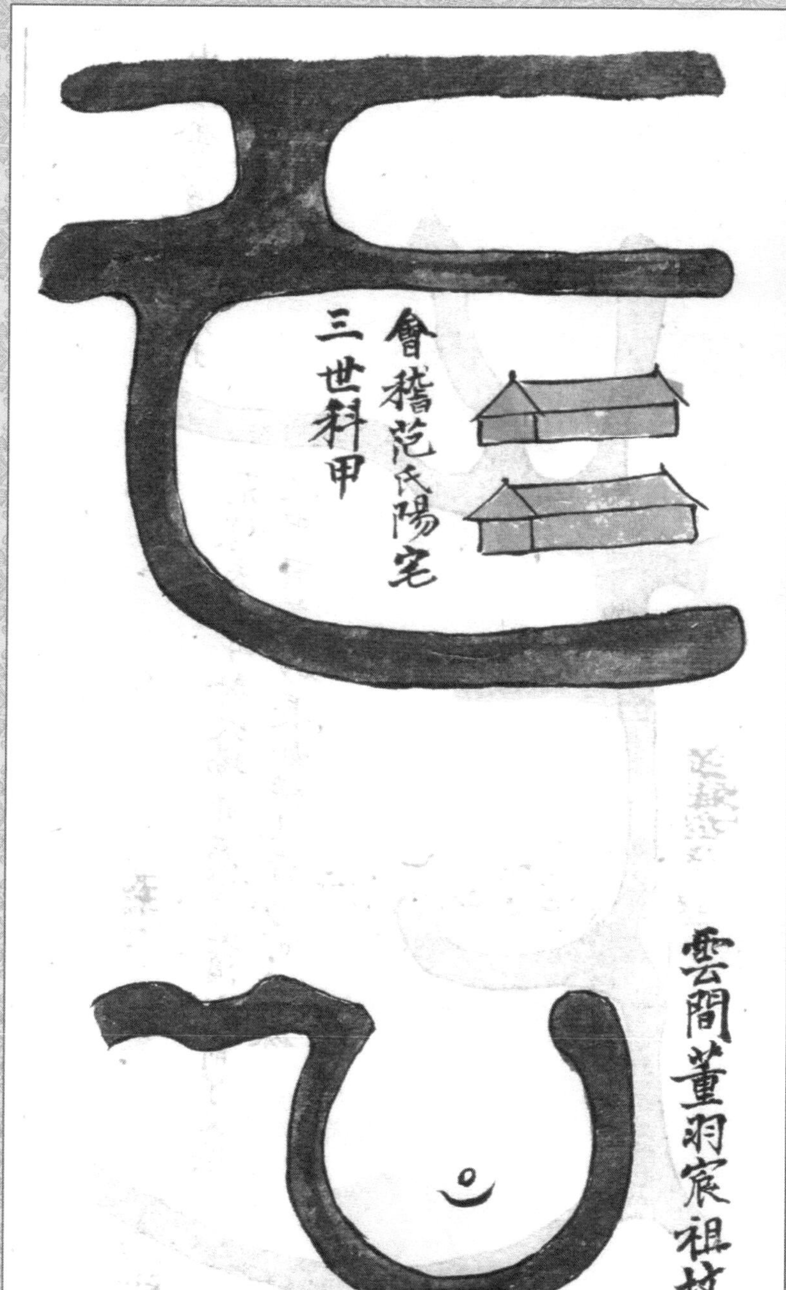
會稽范氏陽宅
三世科甲
雲間董羽宸祖坟

雲間張殿元祖坟
賴布衣扦

嘉禾朱文恪相公祖墓
正穴外父貽穴長婿俱不發
穆穴小婿之子孫獨發即
朱文恪公之祖也

茅鹿門祖坟在湖州
花南栗木村
弈世科甲

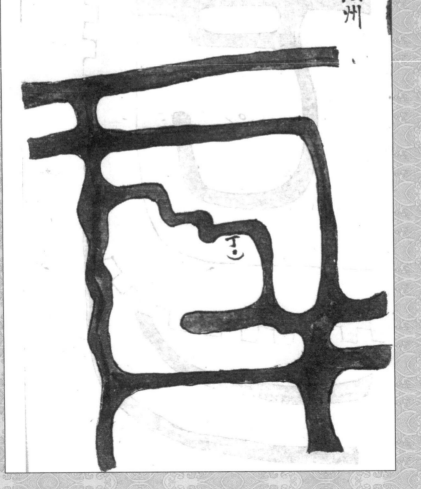

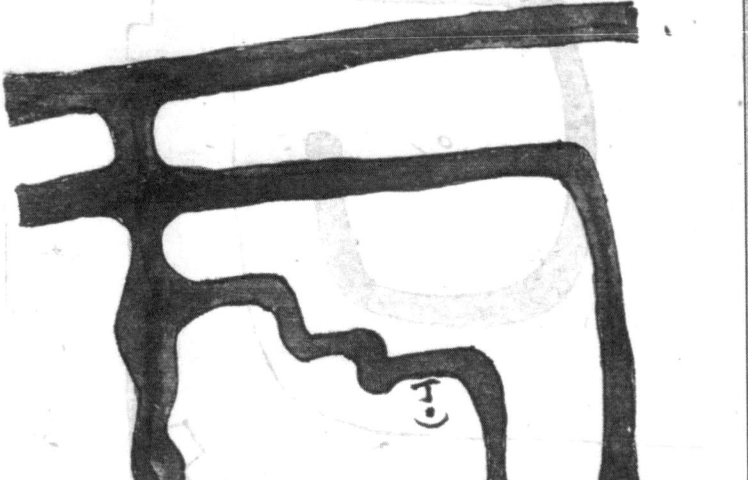

當湖施相公
祖坟

太倉王鳳州祖坟

此上下二圖俱劉仁先生集名墓

雲間王氏

姚江諸耿衣父坟
蔣大鴻下
池
沙
沙

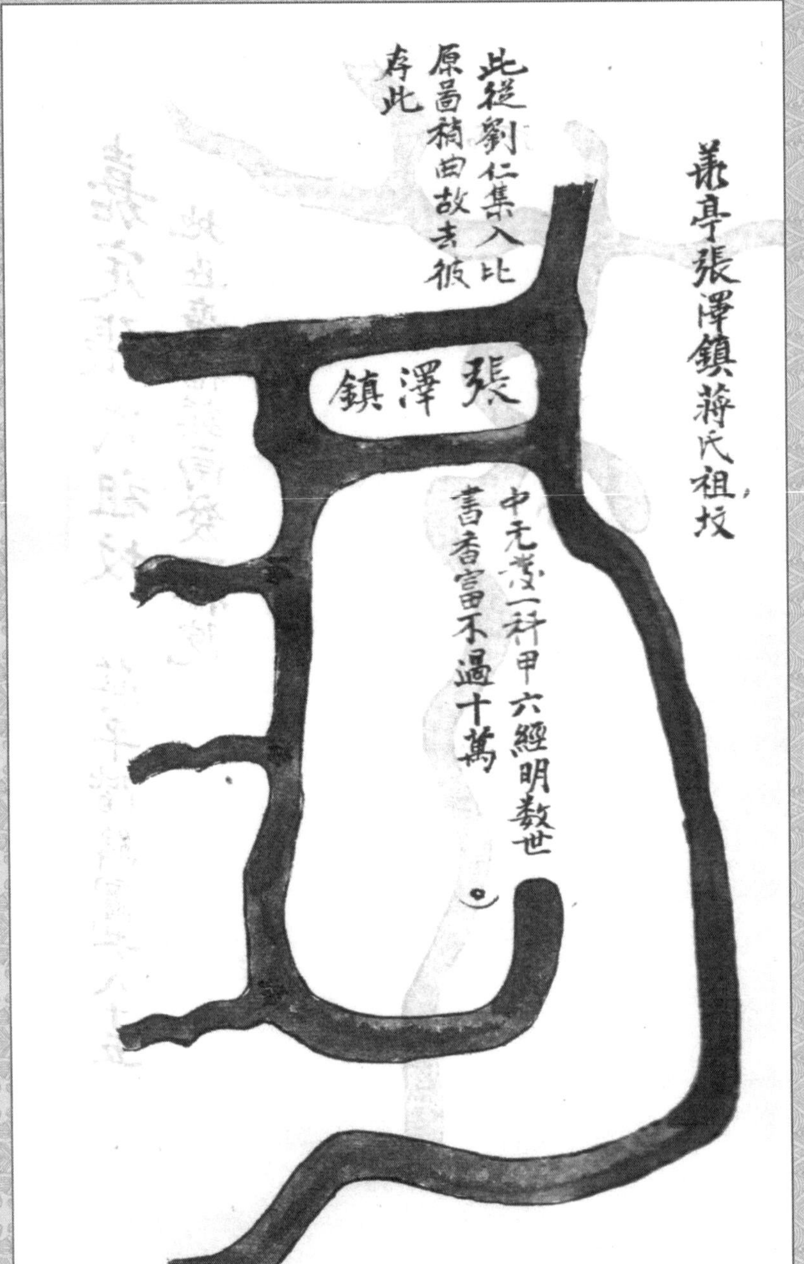
此從劉仁集入比
原圖稍由故去彼
存此
華亭張澤鎮蔣氏祖坟
張澤鎮
中元發一科甲六經明數世
書香富不過十萬

嘉定張氏祖坟

蔣平階繪圖共八十五

地在廣福鎮南發一撫院

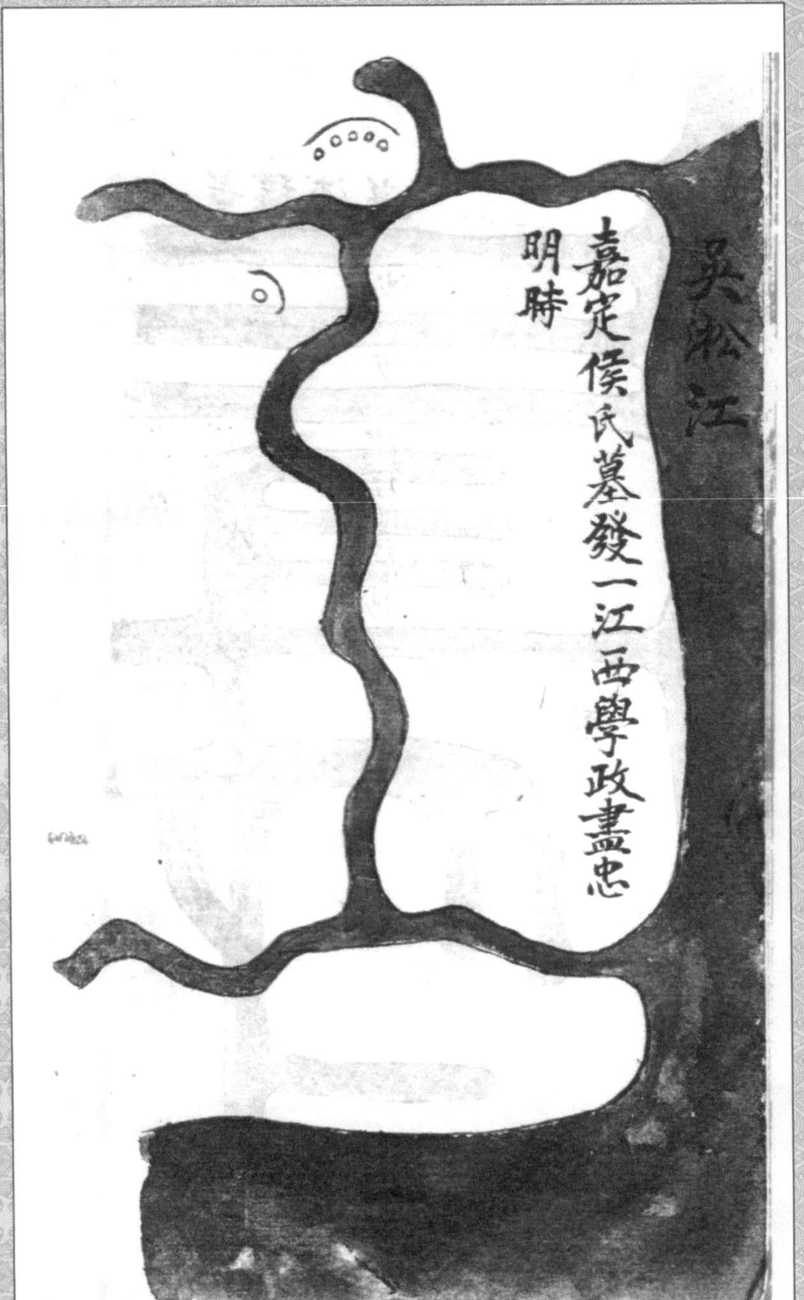
吳淞江
嘉定侯氏墓發一江西學政盡忠
明時

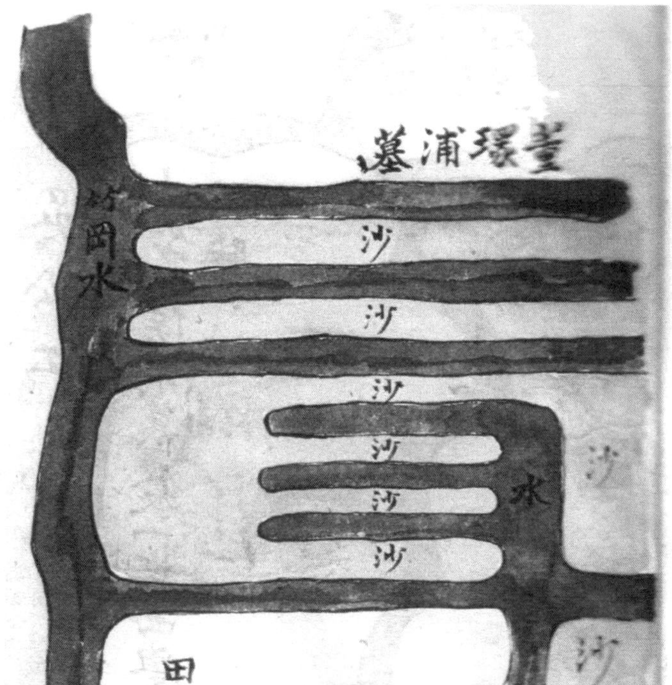
臺環浦墓
竹岡水
沙
沙
沙
沙
沙
沙
水
沙
沙
田
沙
廟

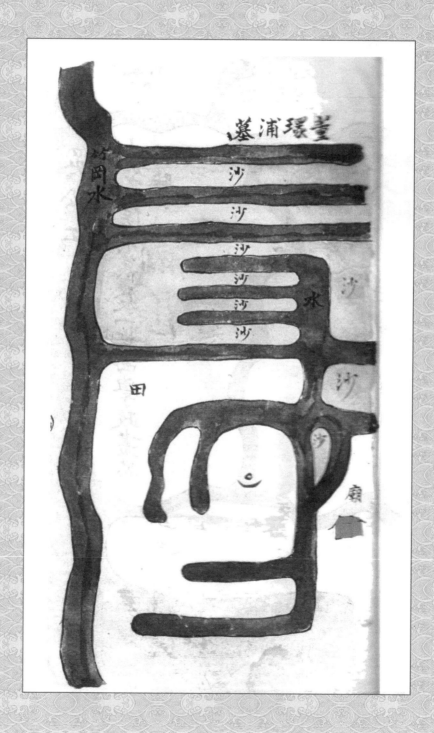

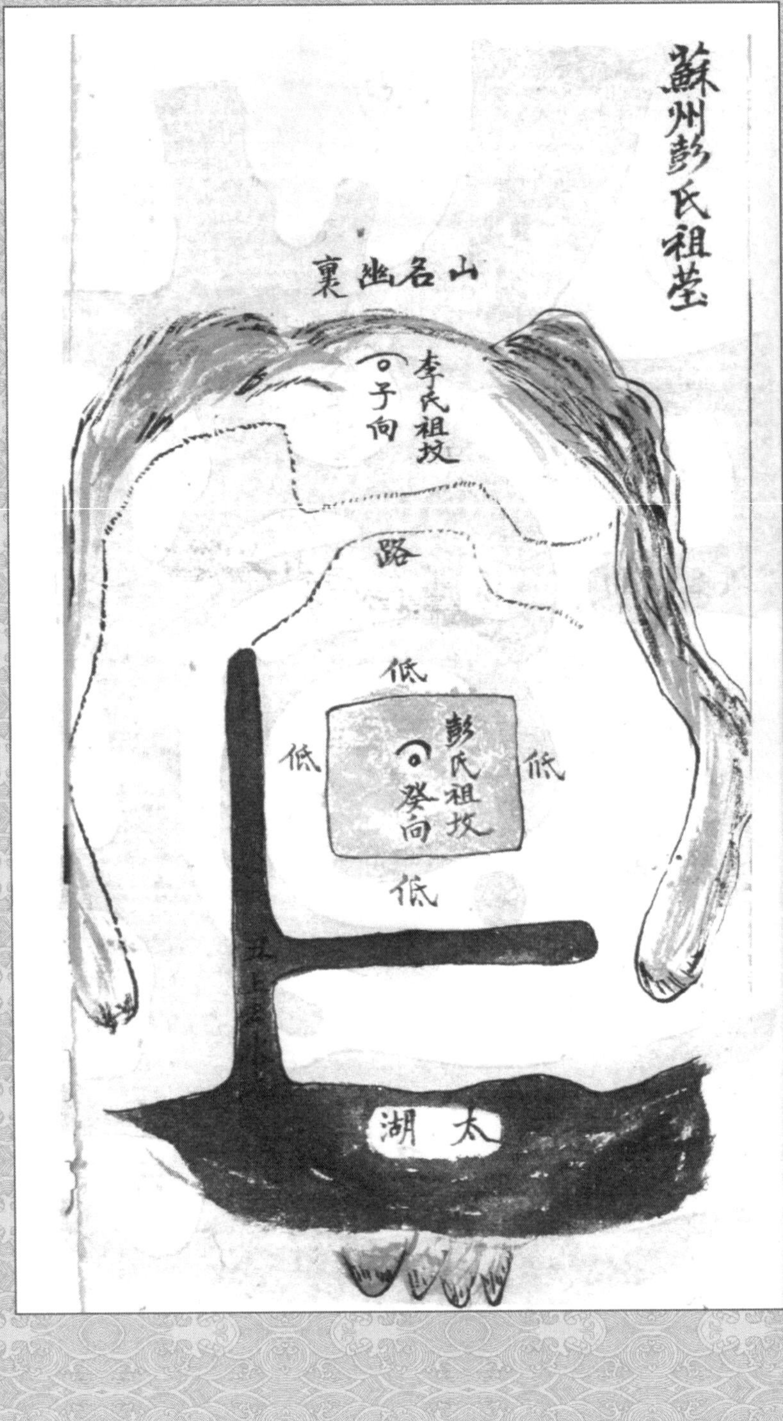
蘇州彭氏祖塋
山名幽裏
李氏祖坟
子向
路
低
低
低
彭氏祖坟
癸向
低
太湖

沙
沙
沙
太極沙
沙
沙
蛾眉沙
印沙
南陽王浜
田
董靜軒墓
田
田
沙
田
沙

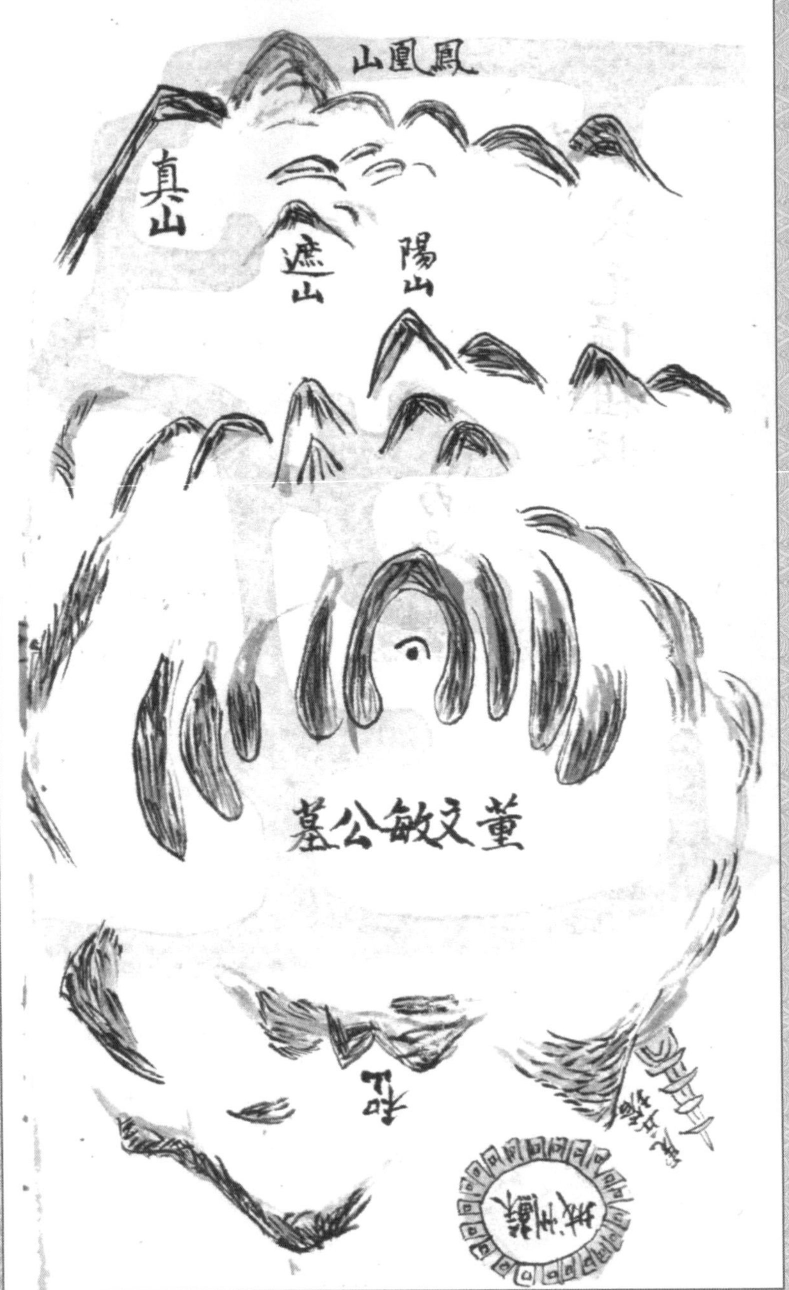
鳳凰山
真山
遮山
陽山
董文敏公墓

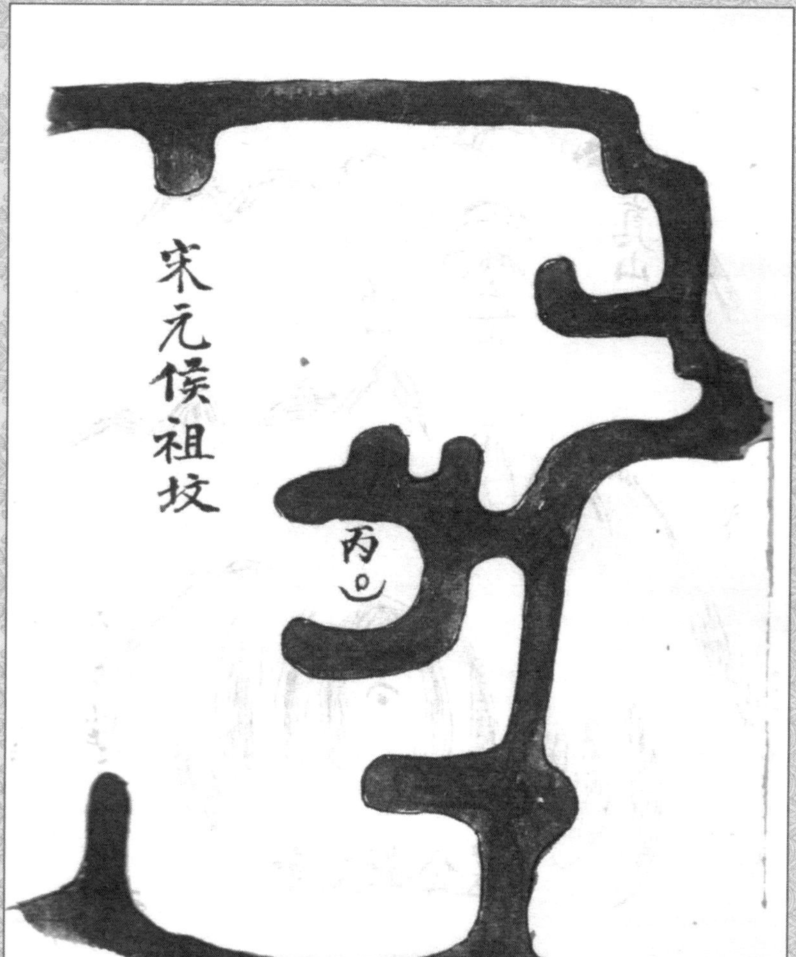
宋元侯祖坟
丙

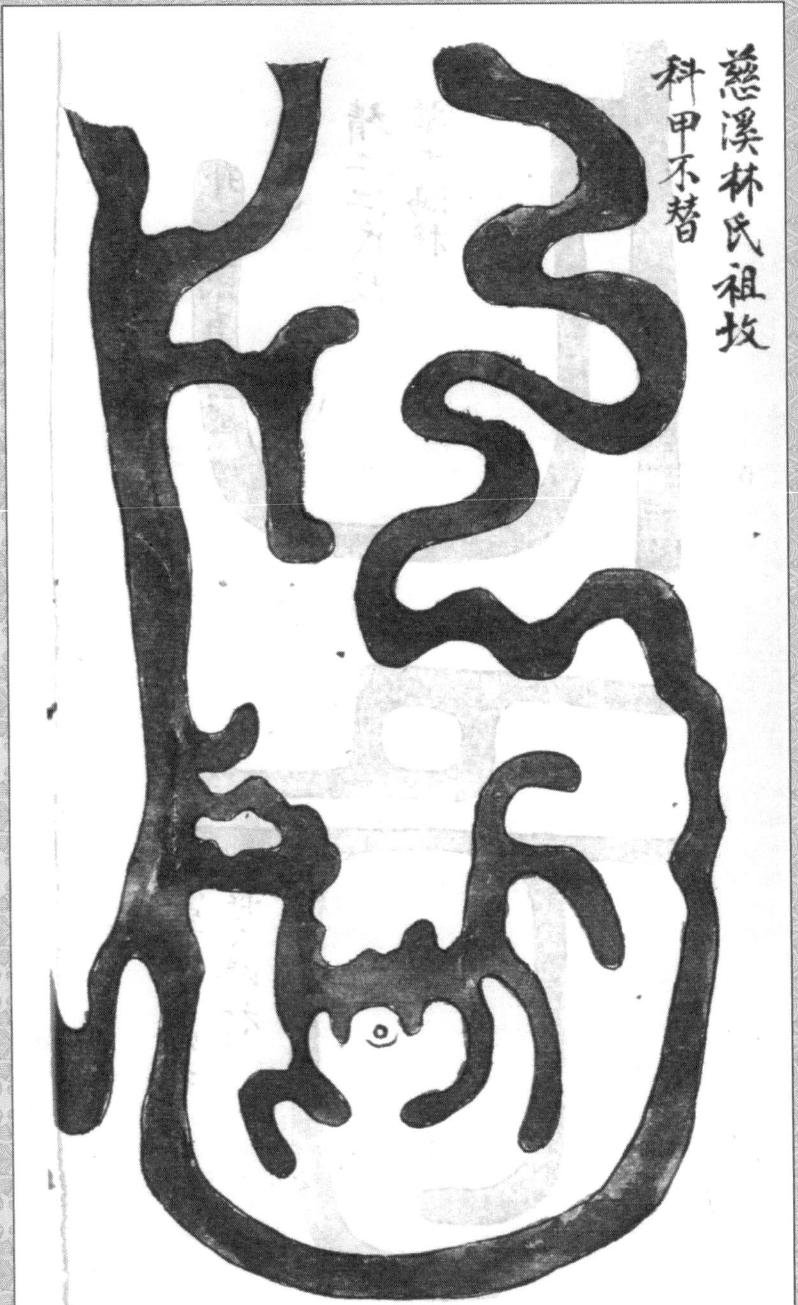
慈溪林氏祖坟
科甲不替

午向
靖江江氏坟
蔣大鴻扦
海寧陳氏祖坟
蔣大鴻扦

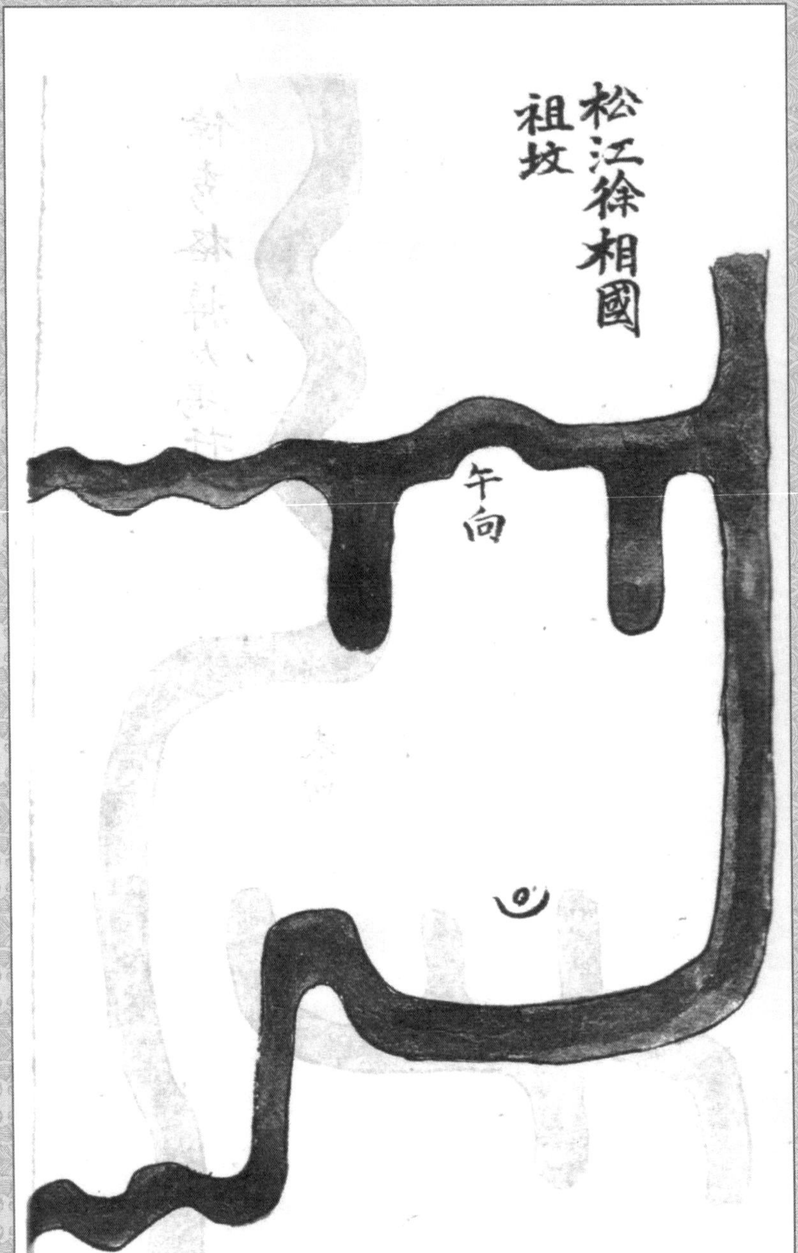
松江徐相國
祖坟
午向

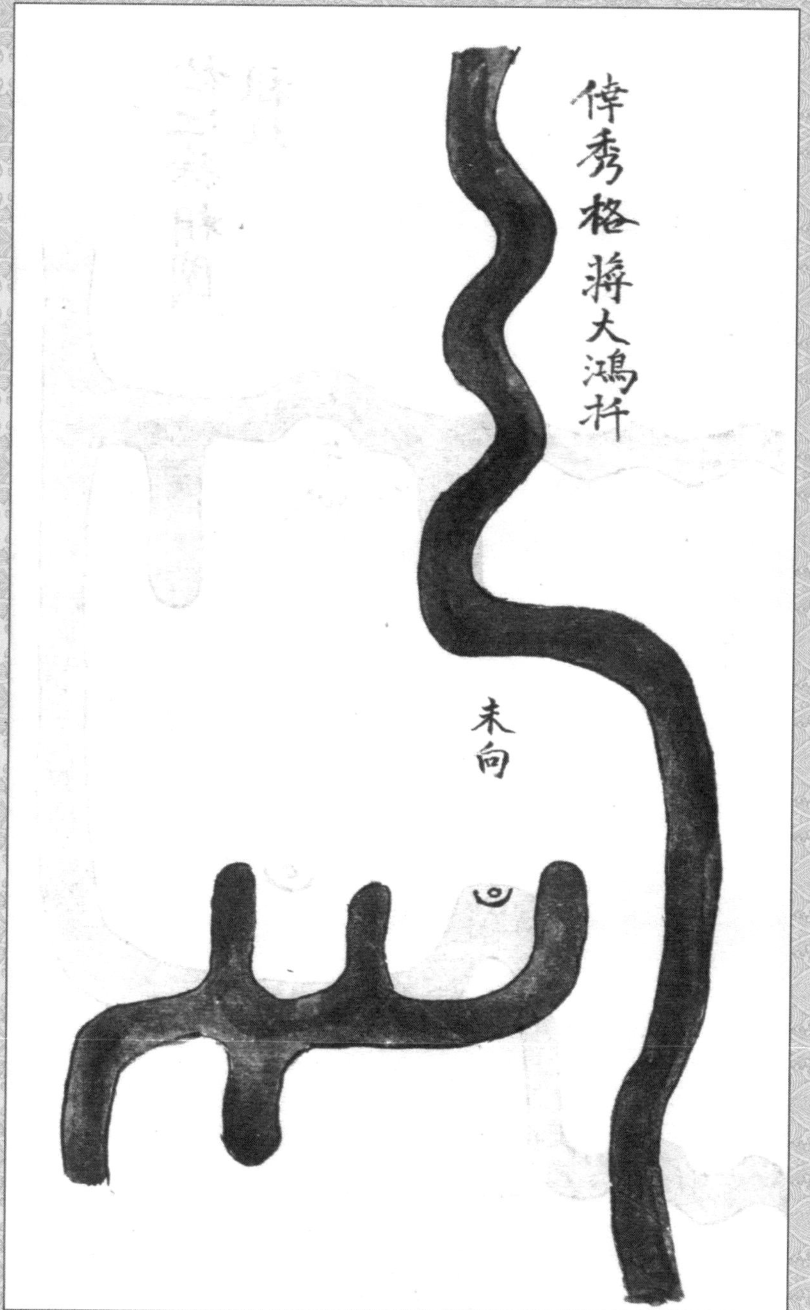
倖秀格 蔣大鴻扦
未向

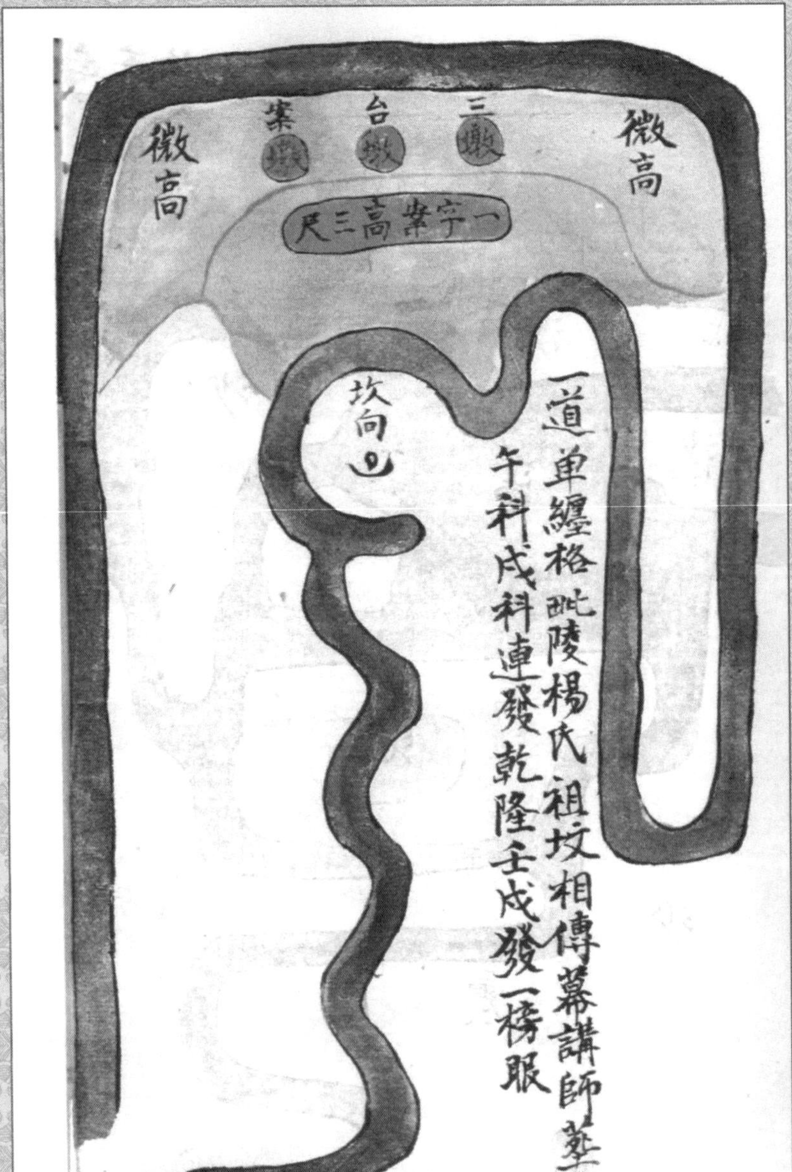
微高
三墩
台墩
案墩
微高
一字案高三尺
坎向
一道单纏格 毗陵楊氏祖坟相傳幕講師葬後
午科戌科連發 乾隆壬戌發一榜眼

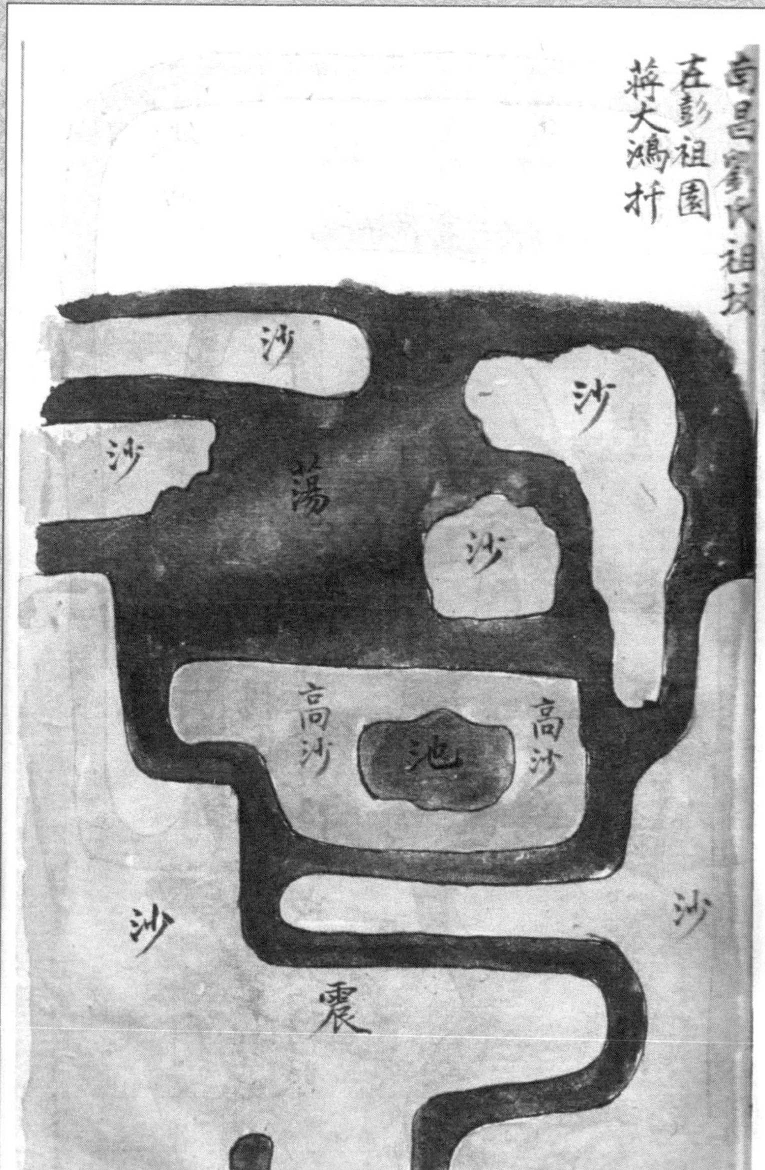
南昌劉氏祖坟
在彭祖園
蔣大鴻扦
沙
沙
沙
湯
沙
高沙
池
高沙
沙
沙
震

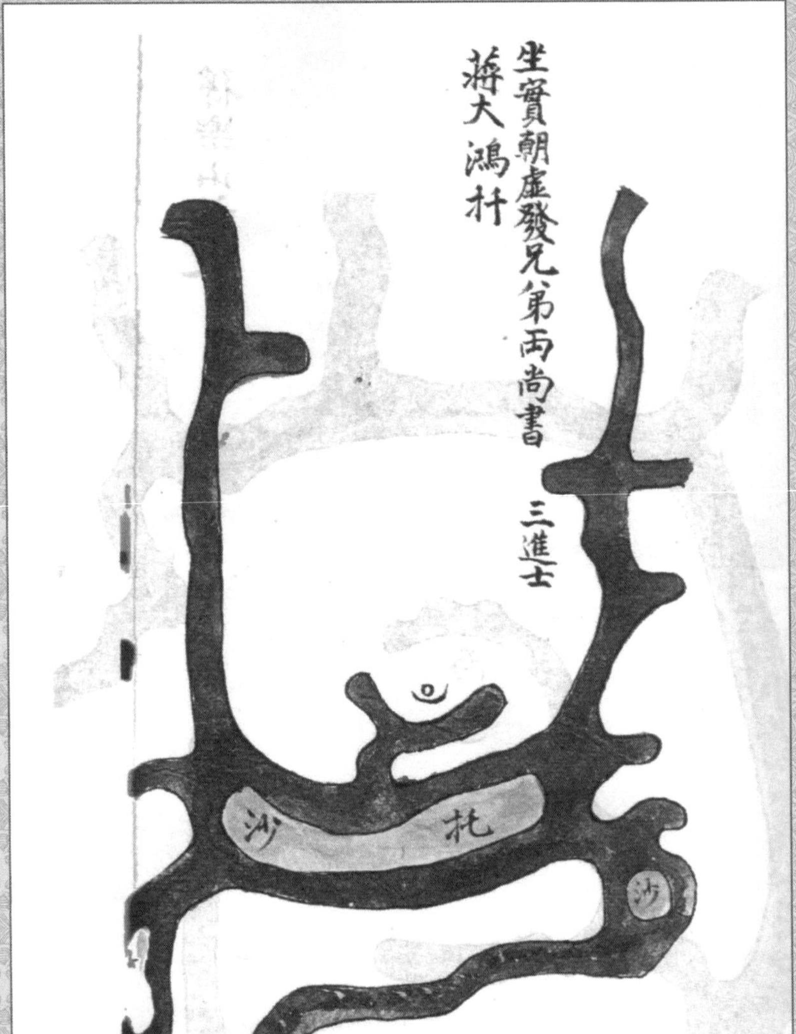
坐實朝虛發兄弟兩尚書
三進士
蔣大鴻扦
沙
托
沙

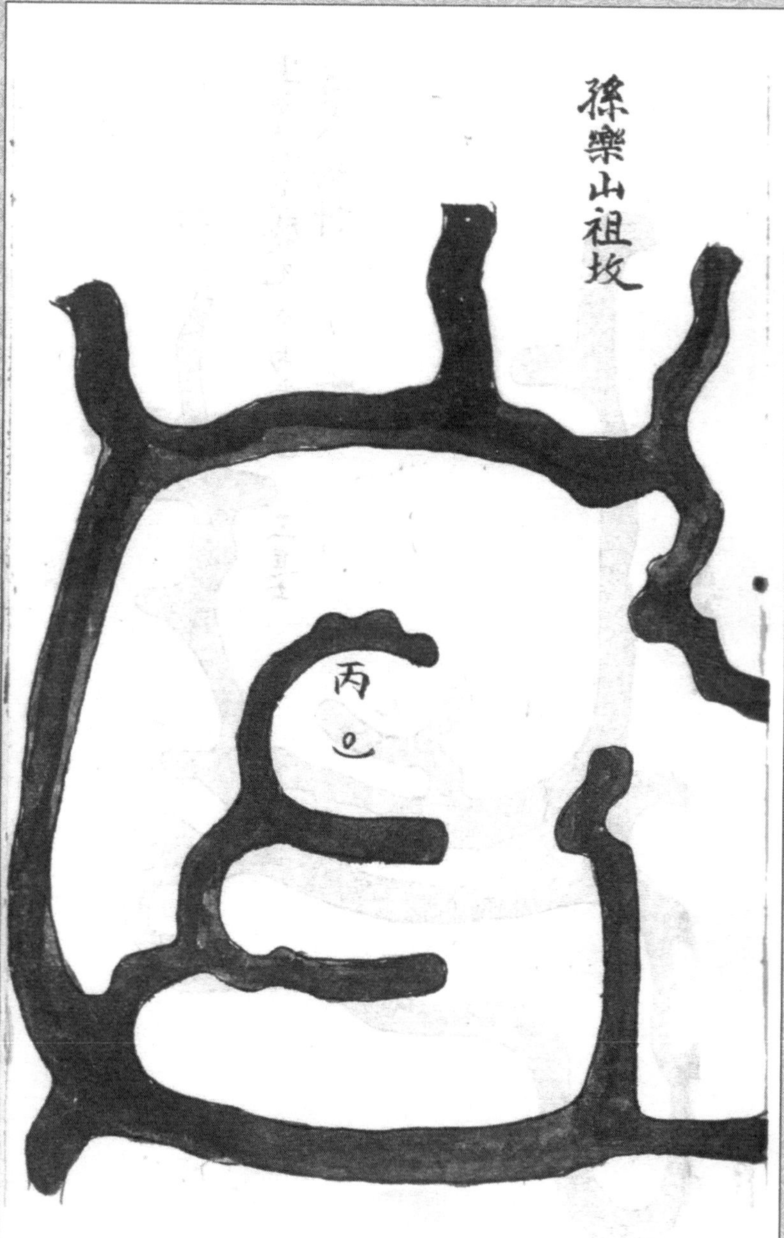
孫樂山祖坟
丙

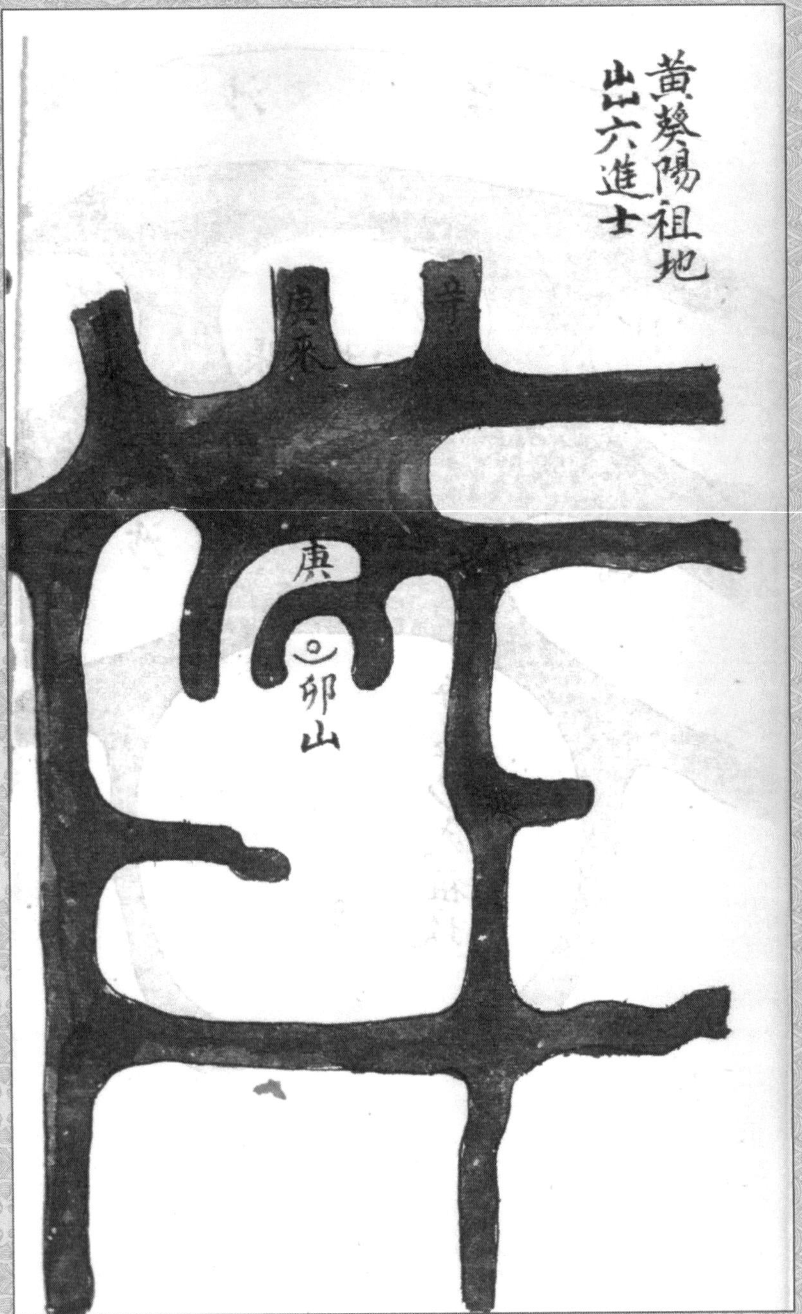
黃燮陽祖地
出六進士
辛
庚來
庚
卯山

沙案
沙
蓋沙
張稼夫曰妙
沙
沙
沙
海塩彭氏祖坟

武進申酉下氏長官坟富百萬發二甲二科

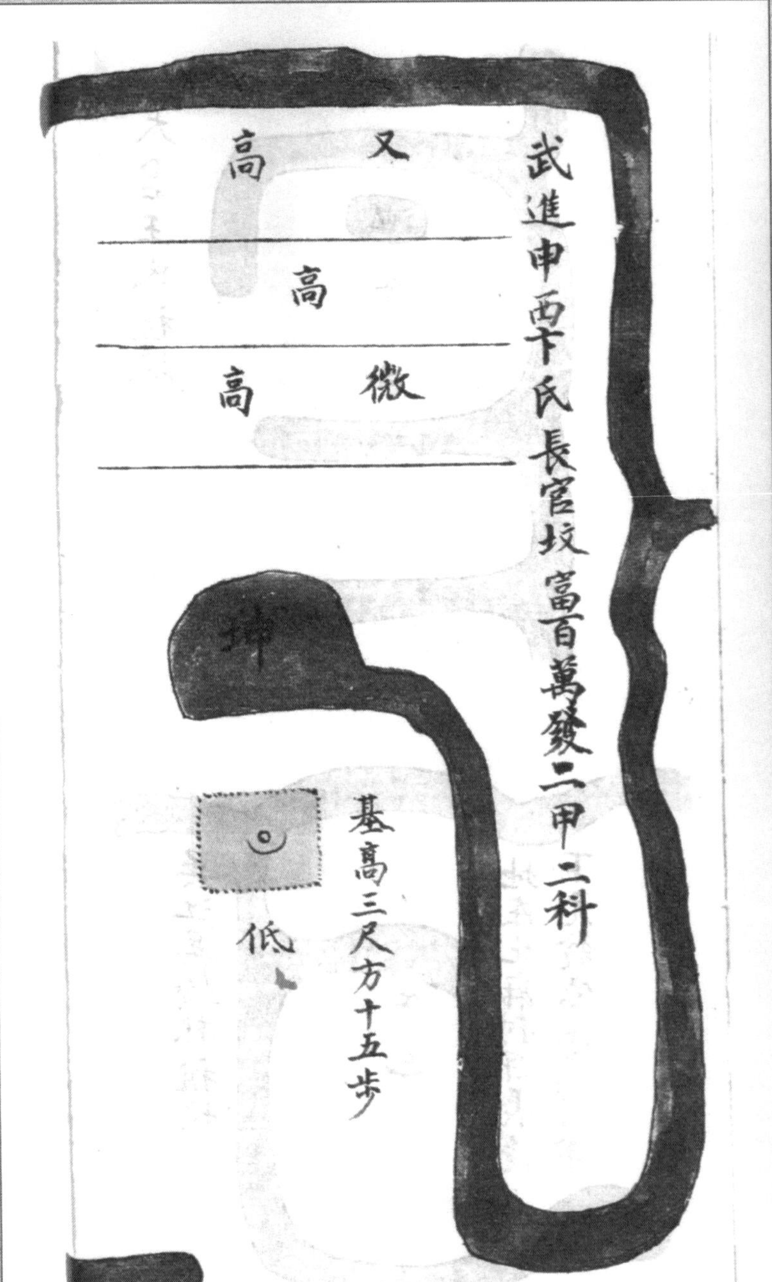

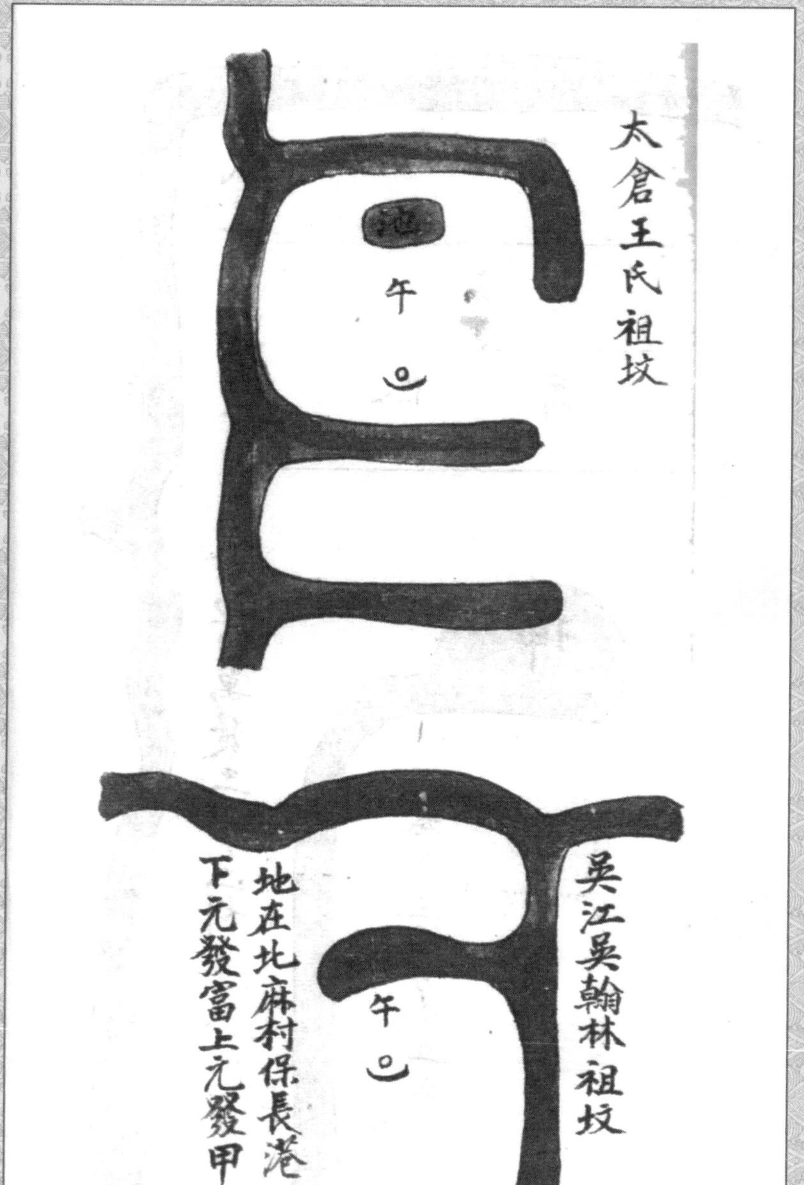
太倉王氏祖坟
池
午
吳江吳翰林祖坟
午
地在北麻村保長港
下元發富上元發甲

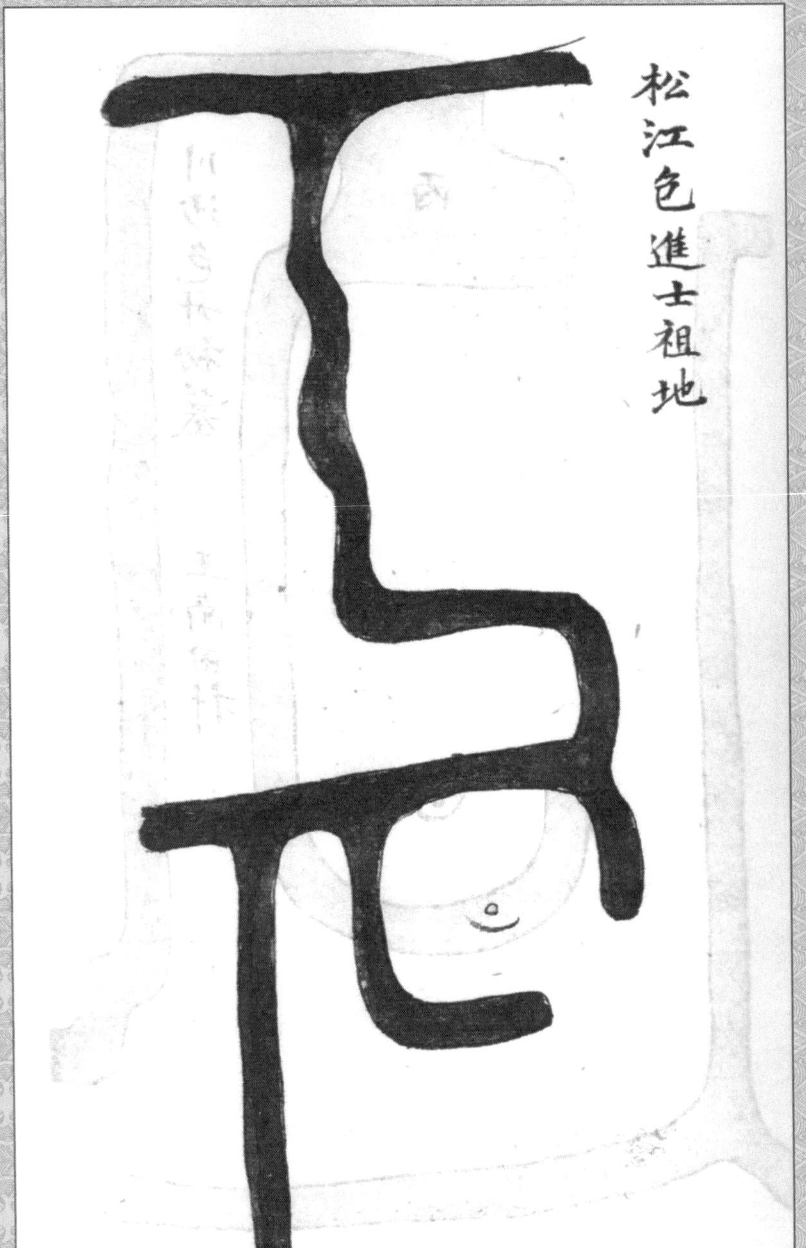
松江色進士祖地

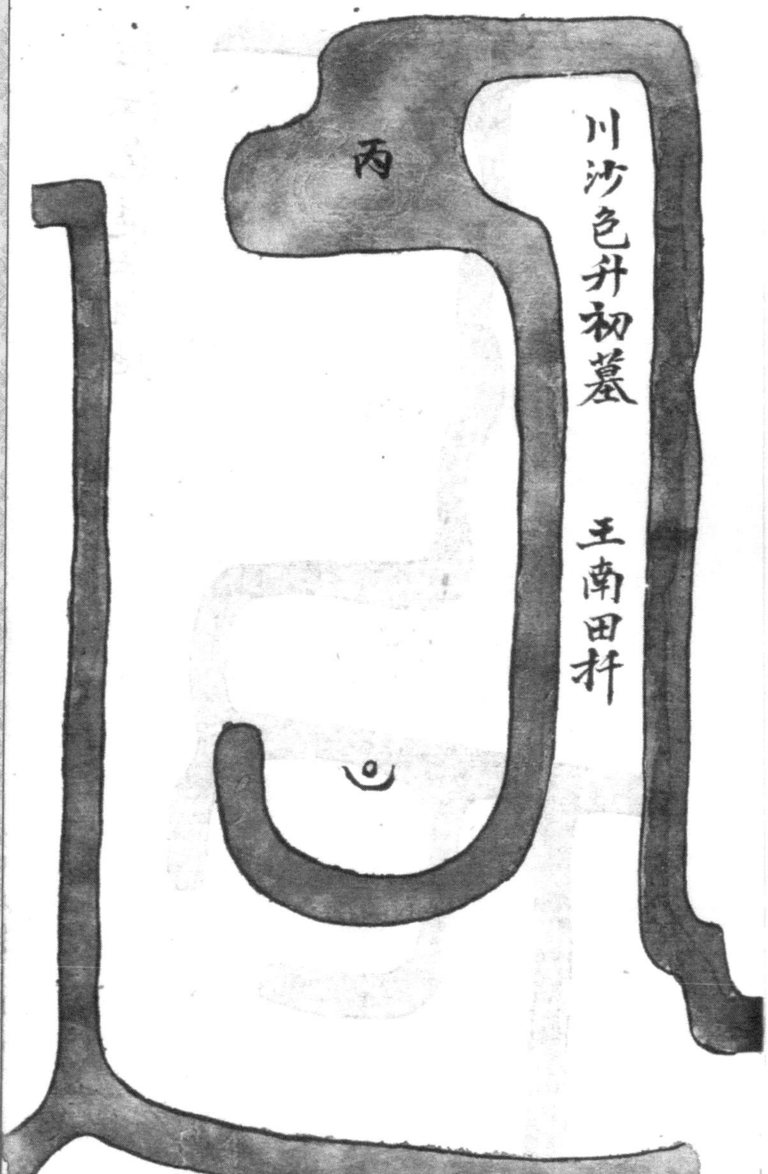
丙
川沙色升初墓
王南田扦

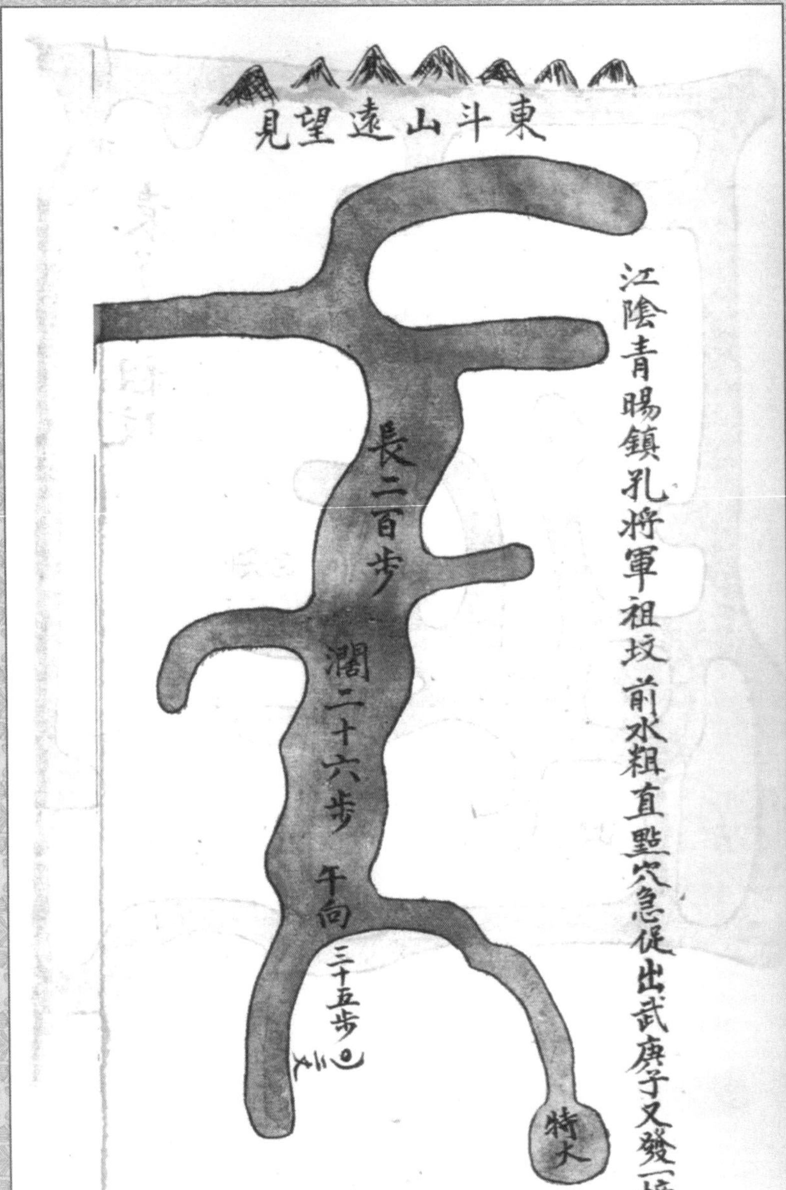
東斗山遠望見
江陰青暘鎮孔將軍祖坟 前水粗直墅穴急促出武庚子又發一榜
長二百步
濶二十六步
午向
三十五步
三丈
特大

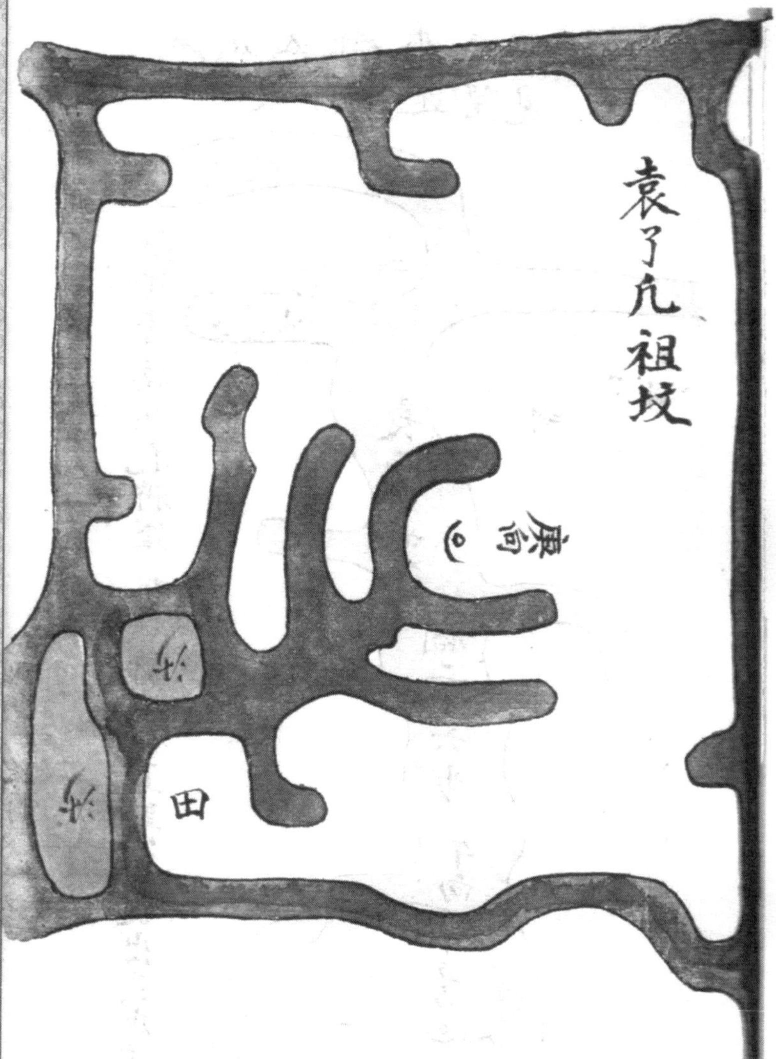
袁了凡祖坟
庚向
田

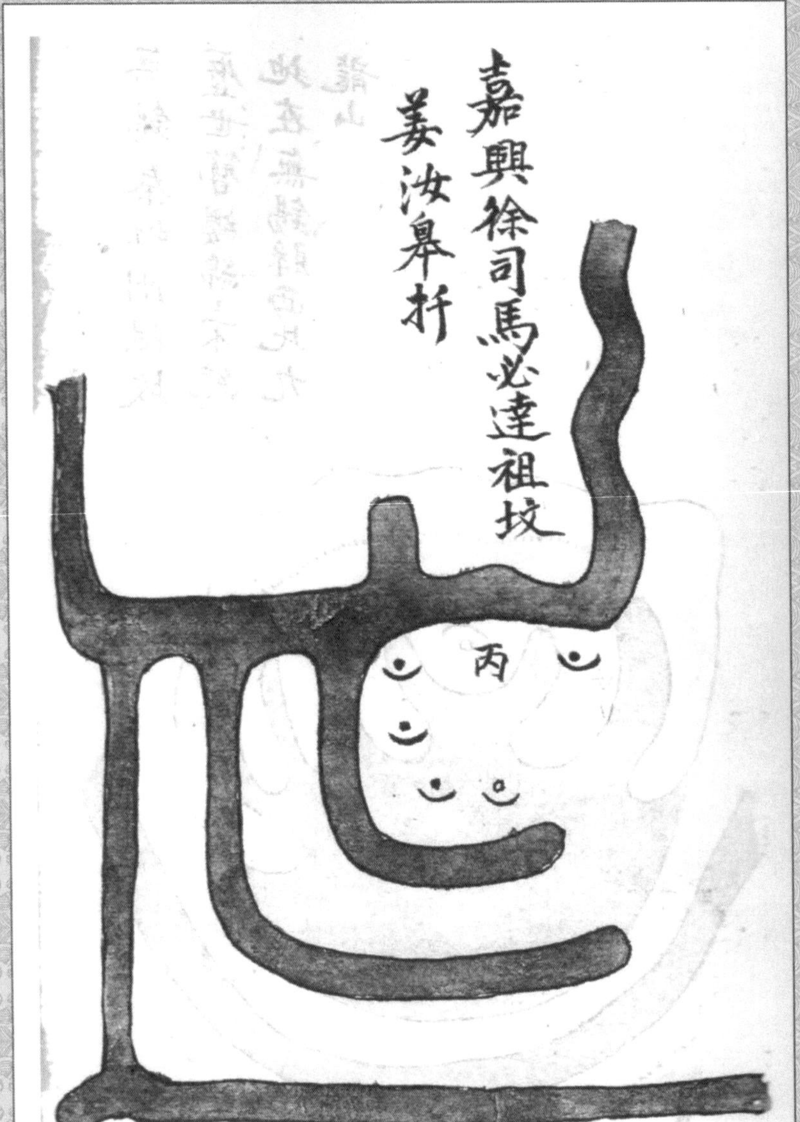
嘉興徐司馬必達祖坟
姜汝皐扦
丙

無錫秦虹州祖坆
歷世簪纓綿〻不絕
地在無錫縣西北九
龍山

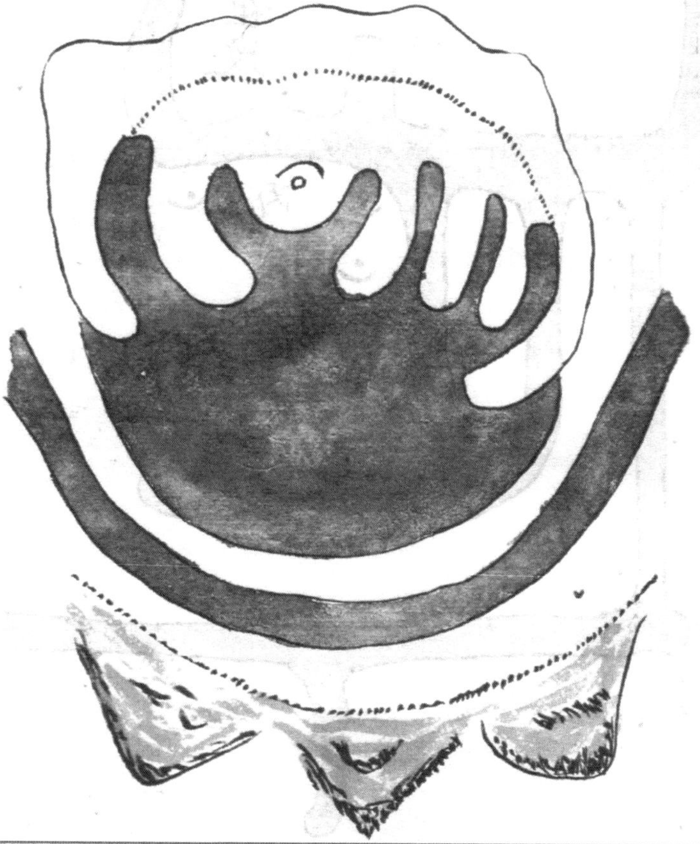

王文恪公祖坟

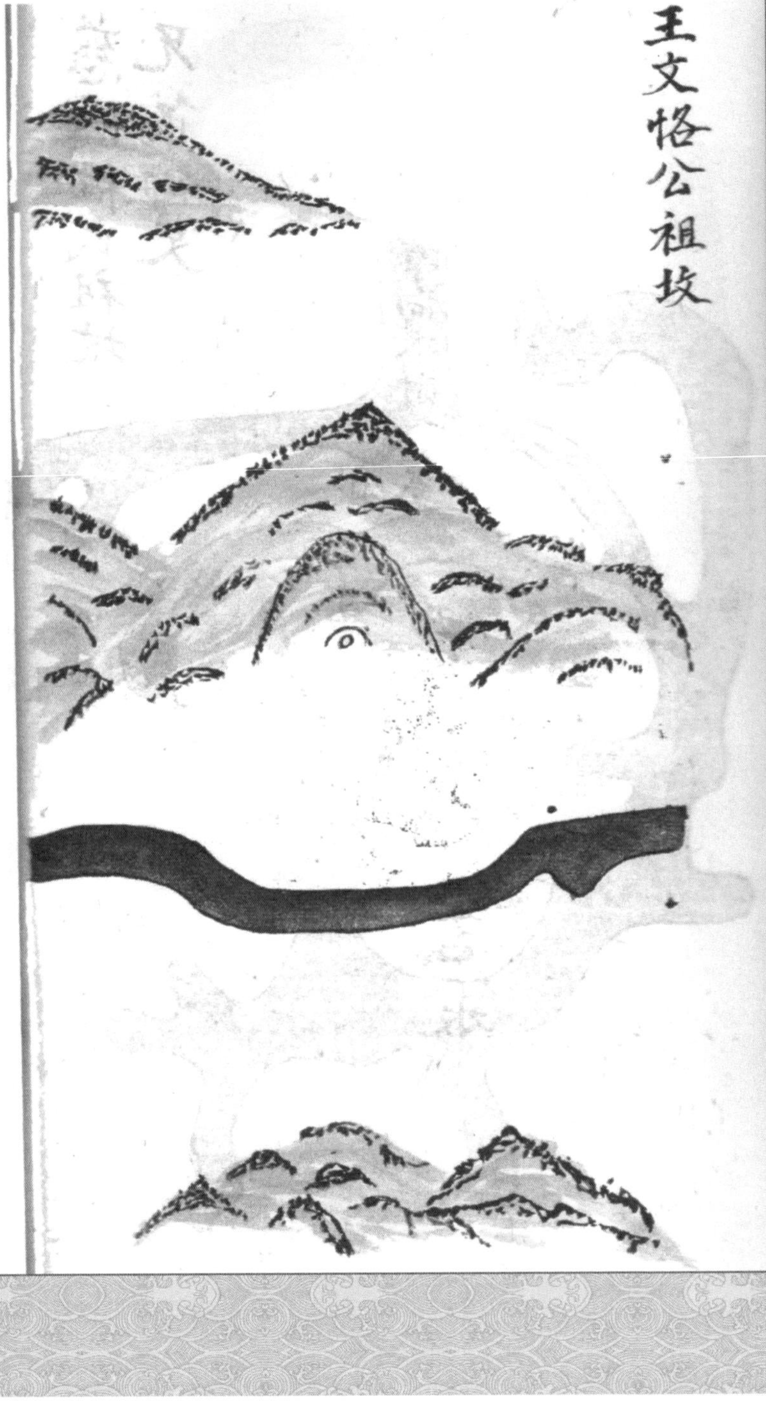

慈溪桂氏祖坟 兄弟御史

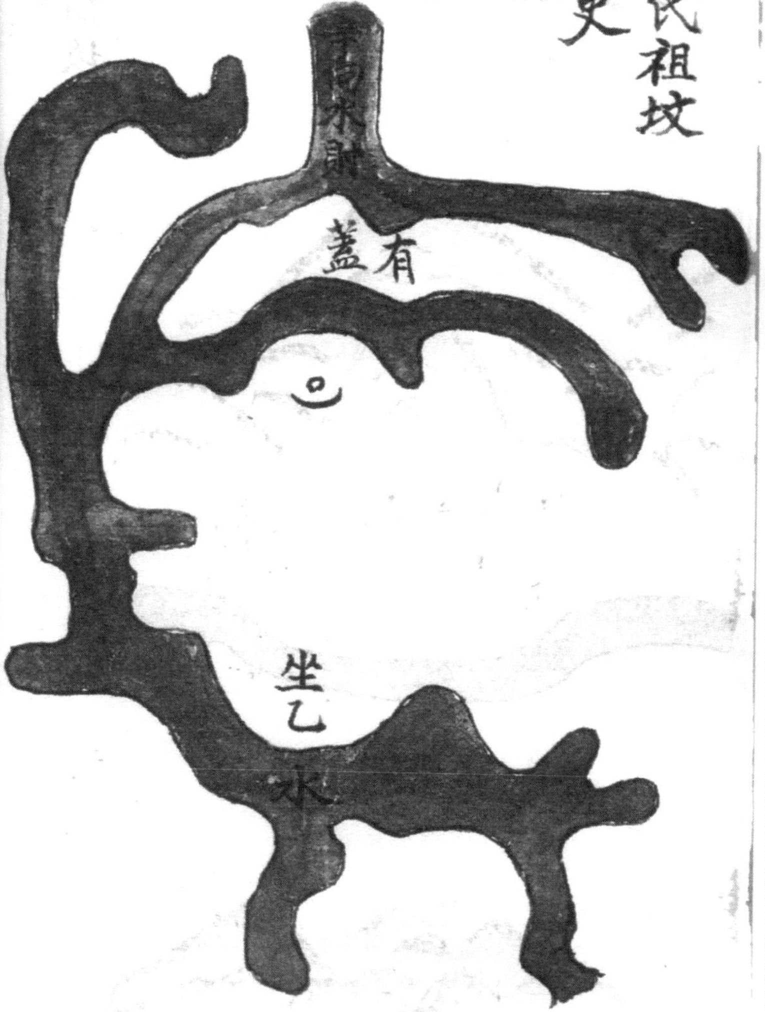

施天石祖坟在
天打橋南

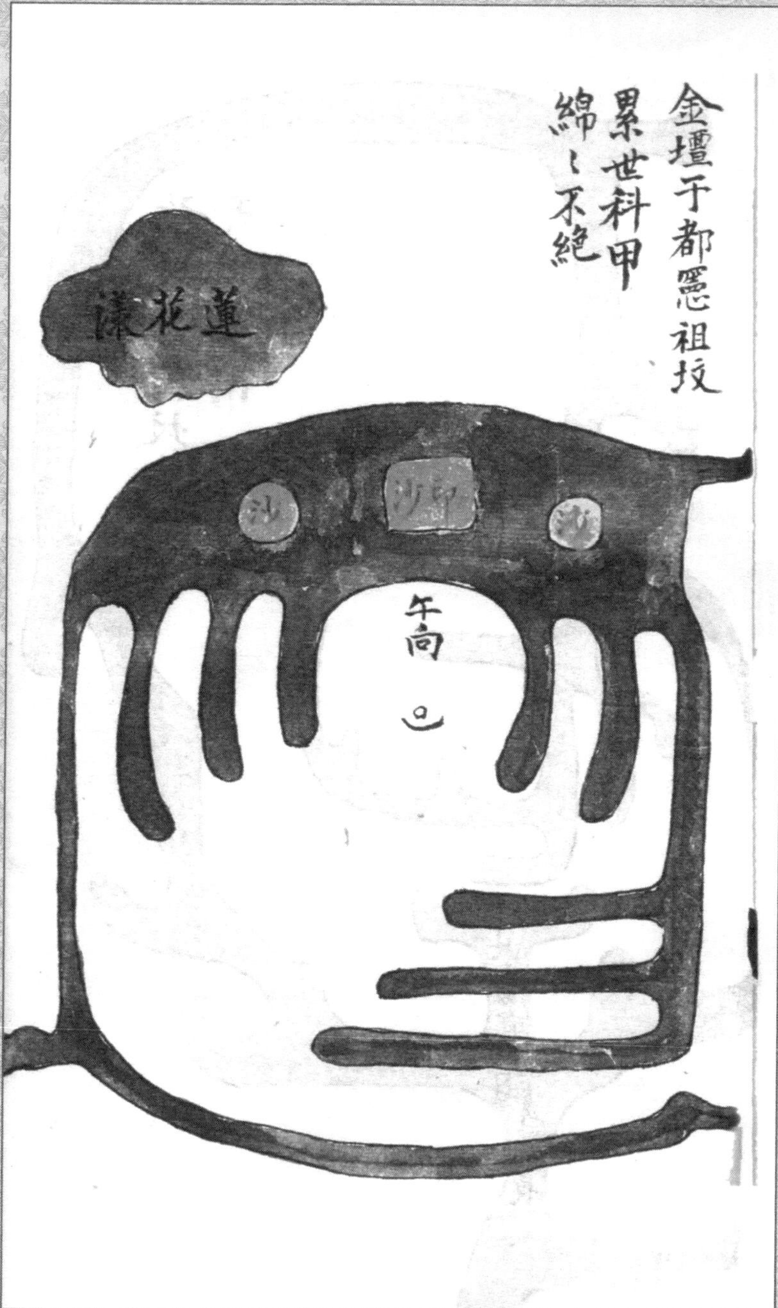
金壇于都憲祖坟
累世科甲
綿〻不絕
蓮花漾
沙
印沙
沙
午向

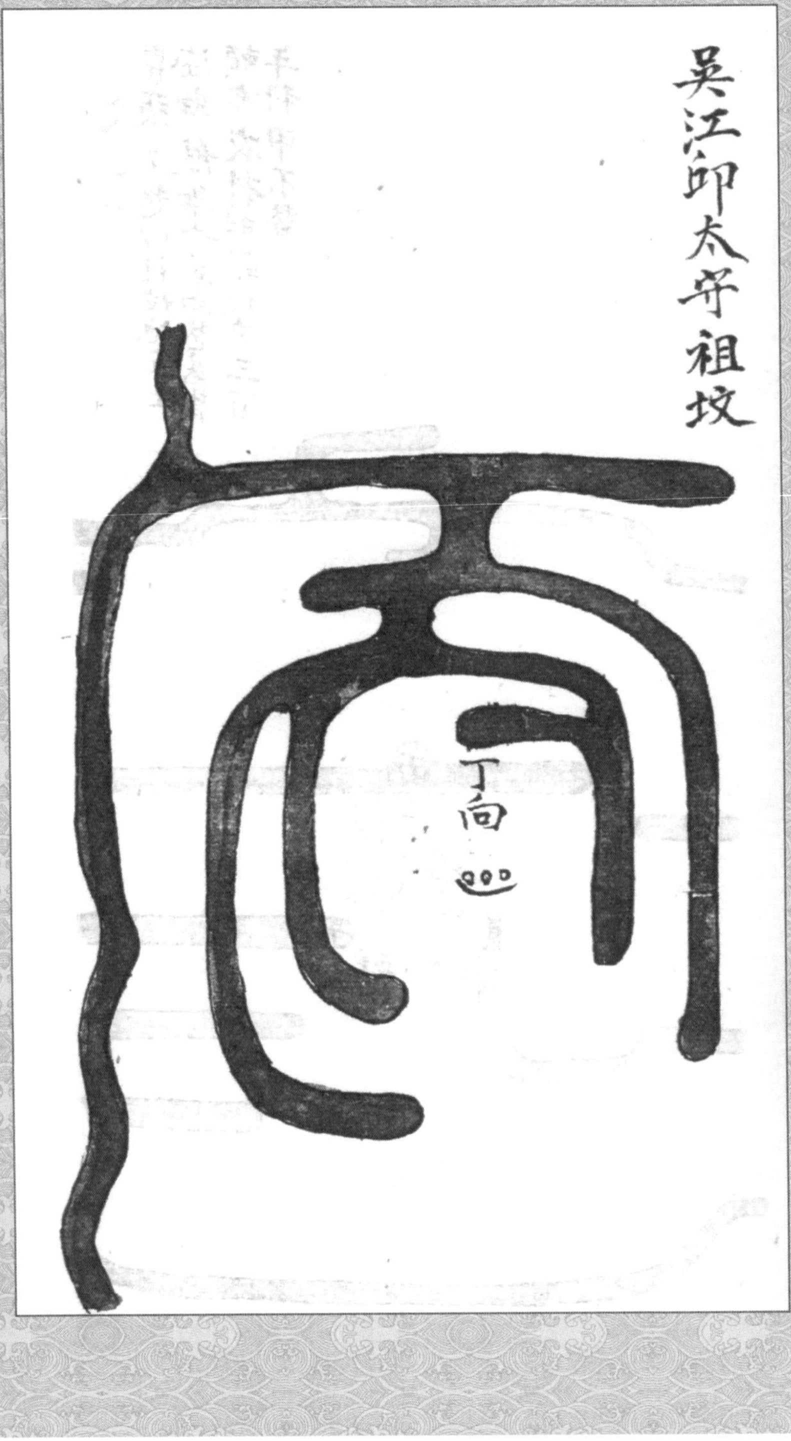
吳江卯太守祖坟
丁向

文氣格

瞿張沈趙四祖坟地在上海縣龍華寺西南巷基背賴布衣扦明朝以來三百年科甲不替

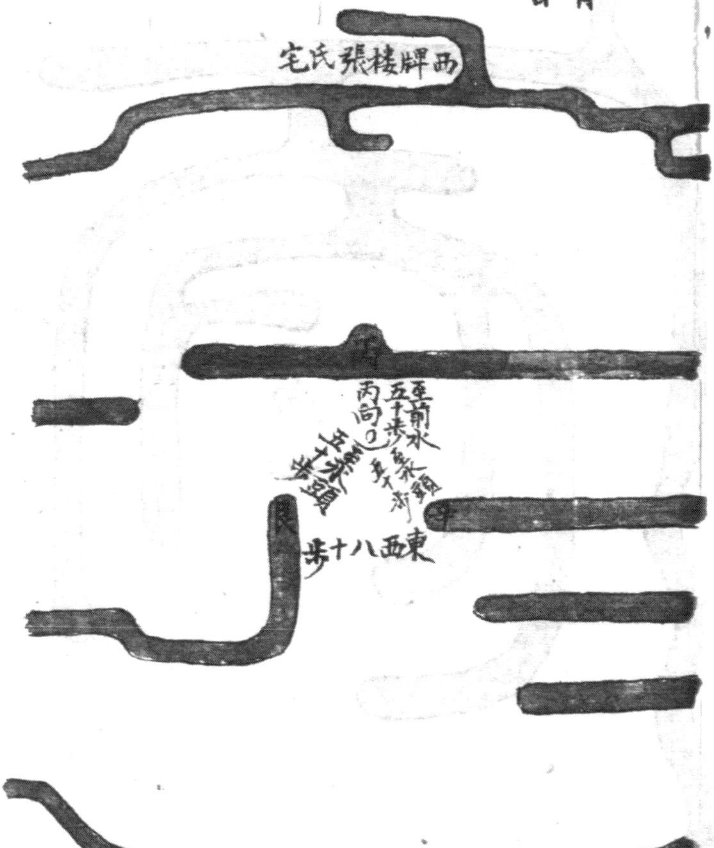

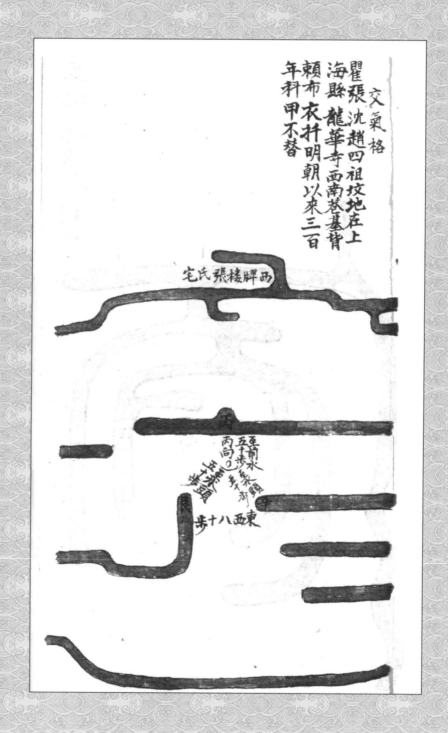

諸翟鎮侯堯封墓孫震暘吏科給事曾孫峒曾通政使崇禎時殉難地在
上海縣袁沙上　張稼夫曰此地依法裁成
以中元時塟富必敵國貴必三公決
無滿門誅戮之事又曰妙々

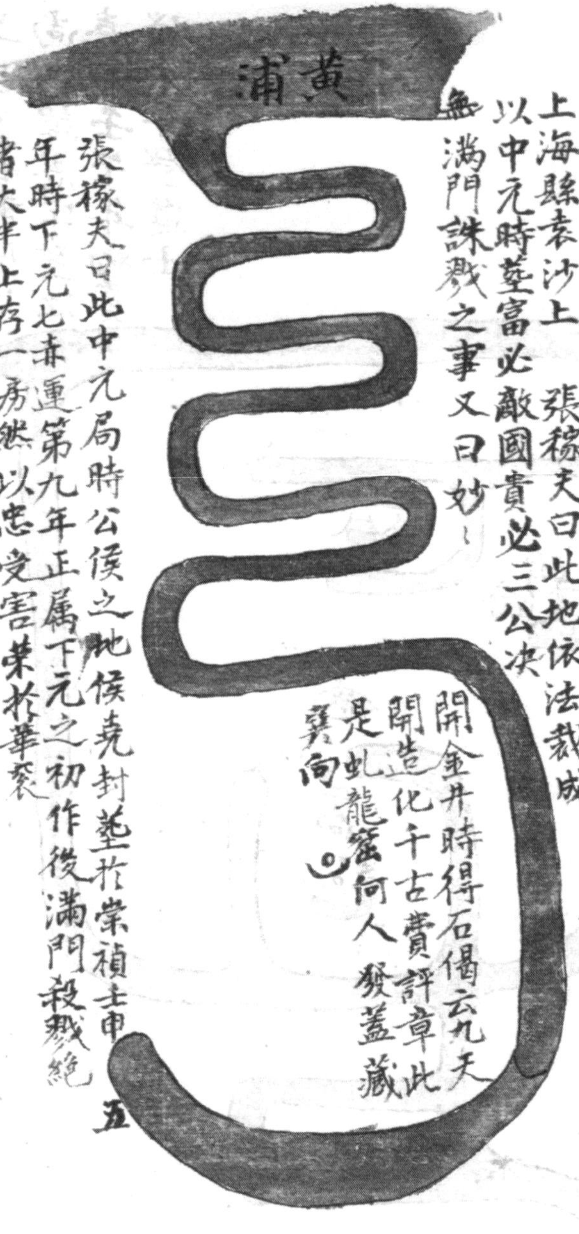
黃浦
開金井時得石偈云九天
開造化千古費評章此
是虬龍窟向人發蓋藏
巽向

張稼夫曰此中元局時公侯之地侯堯封塟於崇禎壬申
年時下元七赤運第九年正屬下元之初作後滿門殺戮絕
者大半止存一房然以忠受害業於華袞

五

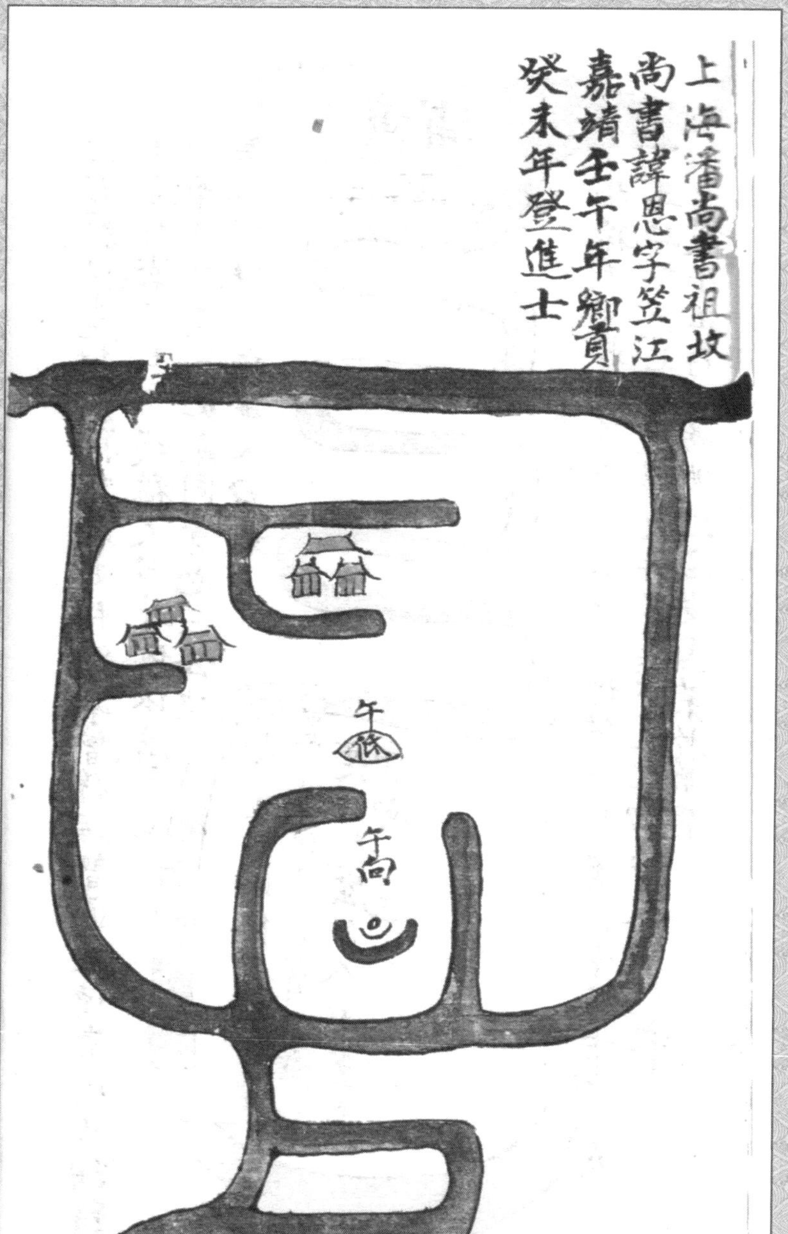
上海潘尚書祖坟
尚書諱恩字笠江
嘉靖壬午年鄉貢
癸未年登進士
午
低
午向

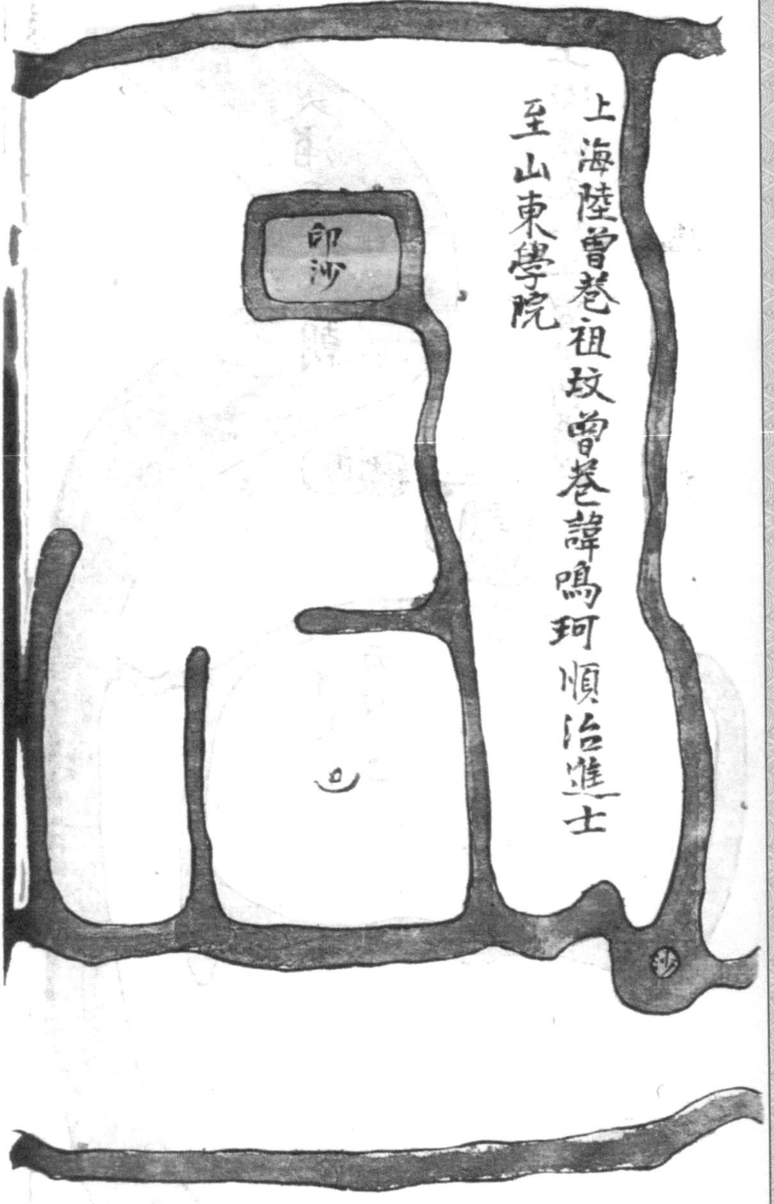
上海陸曾卷祖玟曾卷韓鳴珂順治進士
至山東學院
印沙
沙

上海陸文裕之曾祖竹居墓

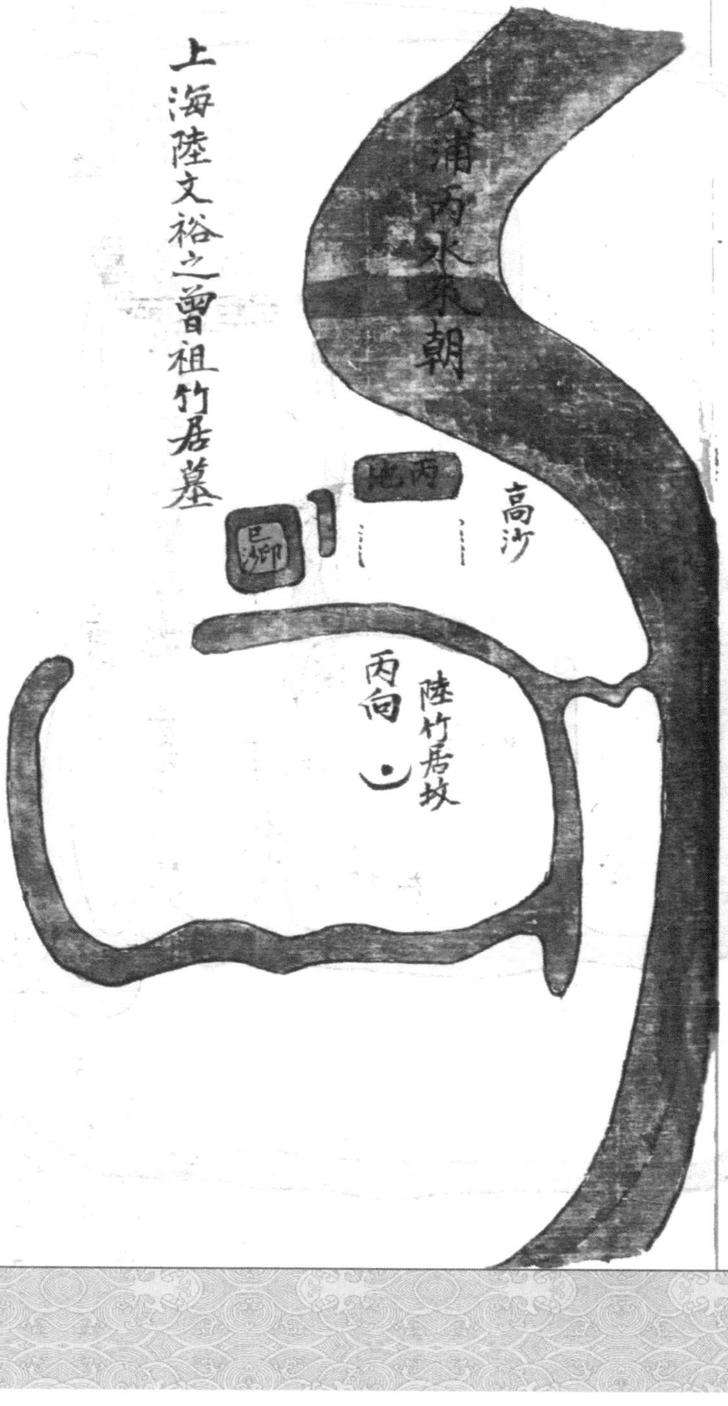

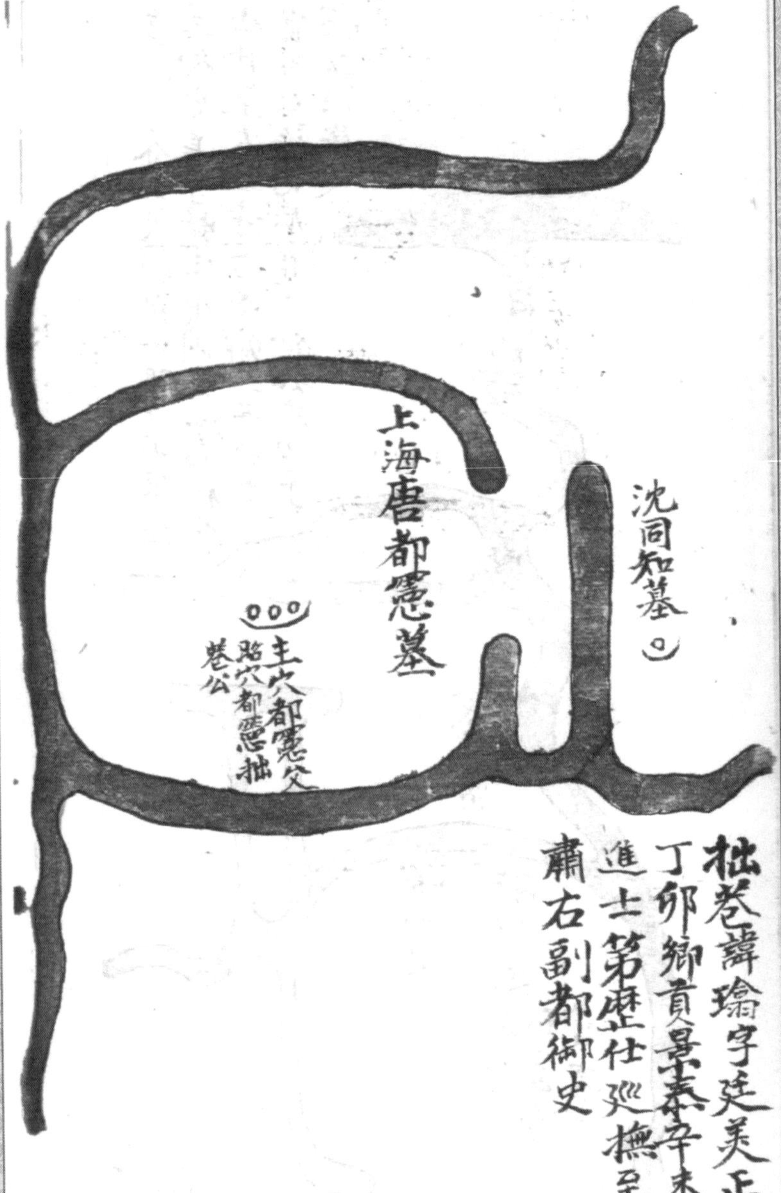

拙巷諱瑜字廷美正統丁卯鄉貢景泰辛未賜進士第歷仕巡撫至甘肅右副都御史

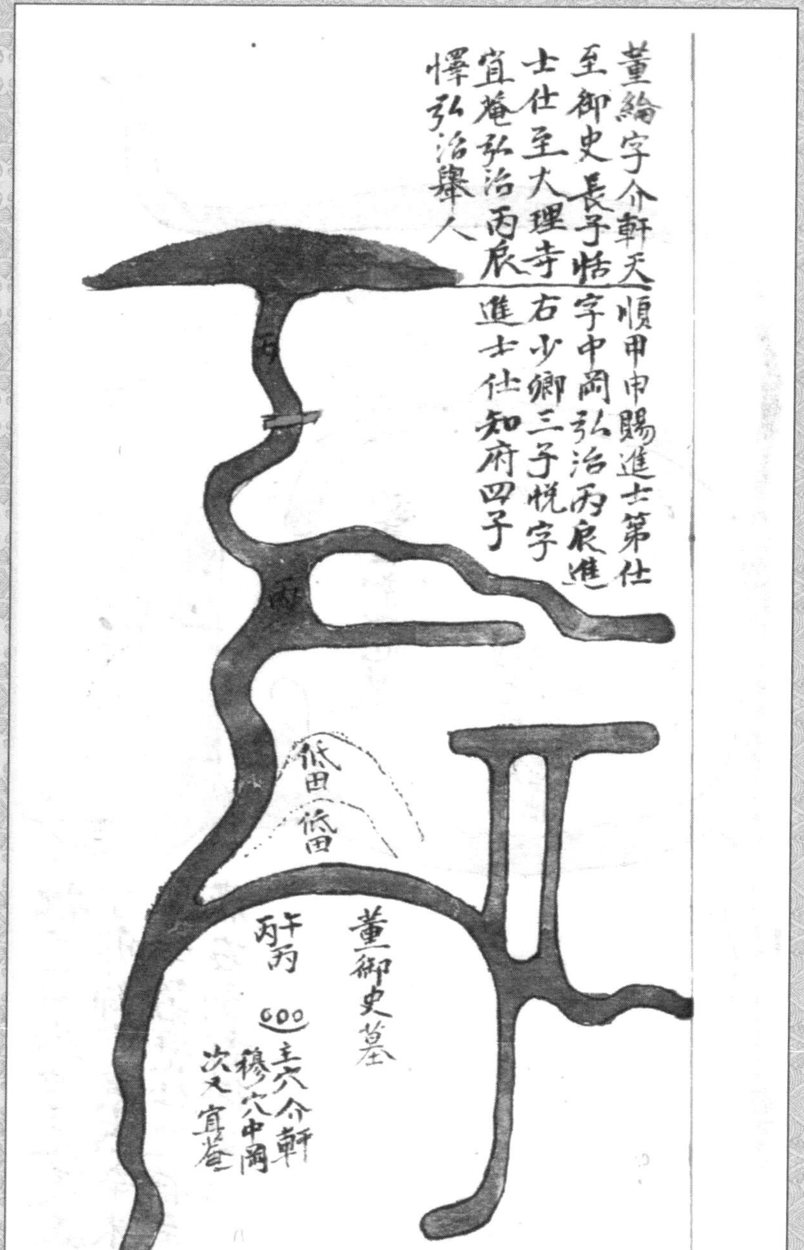
董綸字介軒天順甲申賜進士第仕
至御史長子恬字中岡弘治丙辰進
士仕至大理寺右少卿三子悅字
宜菴弘治丙辰進士仕知府四子
懌弘治舉人
低田
低田
丙午丙
董御史墓
主穴介軒
穆穴中岡
次又宜菴

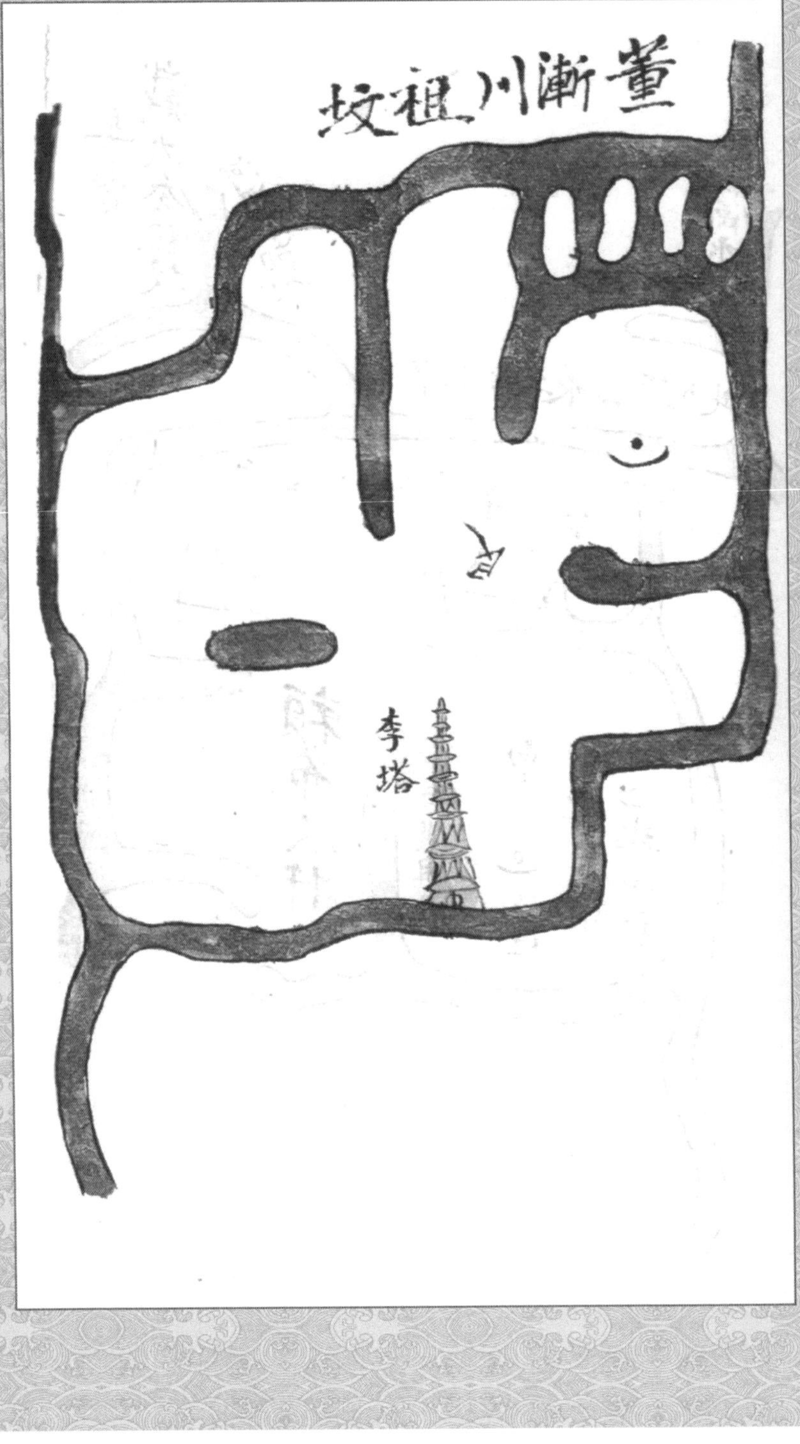
董漸川祖坟
李塔

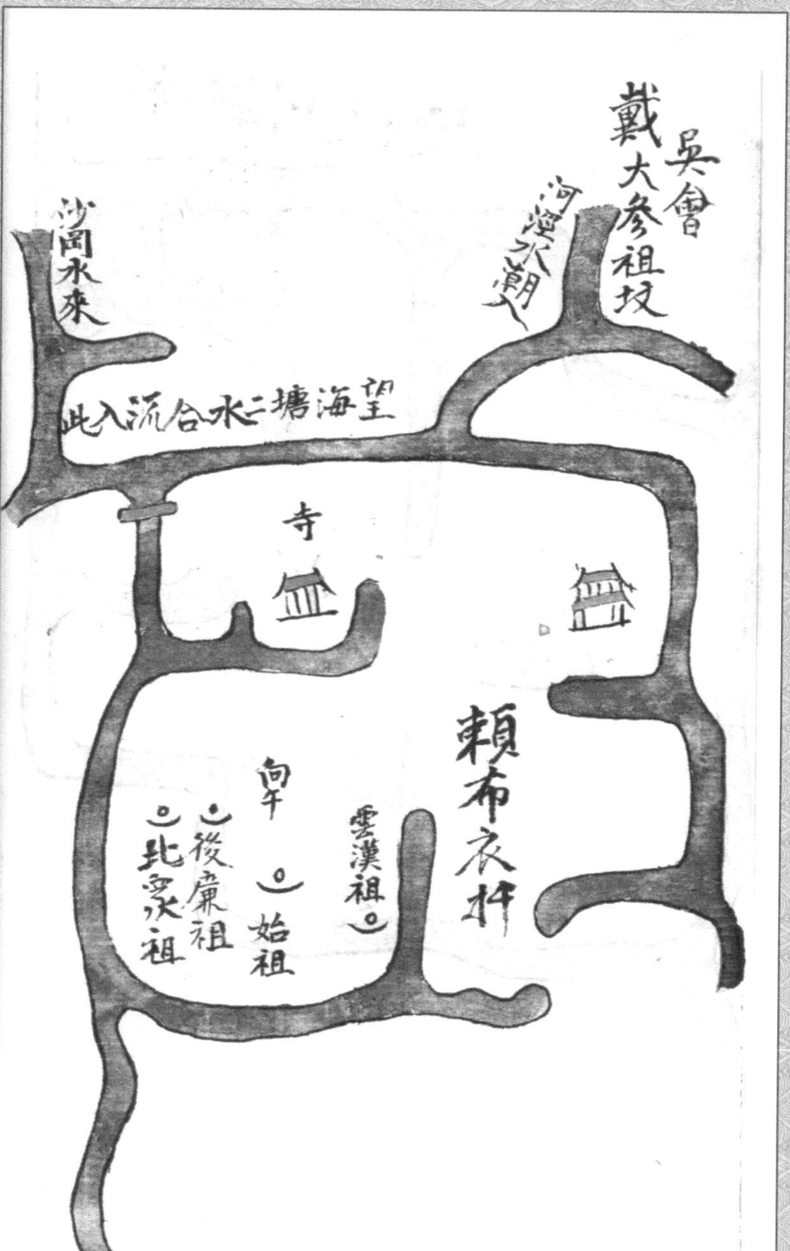
吳會
戴大參祖坟
河湮水朝入
沙岡水來
望海塘二水合流入此
寺
賴布衣扦
向午
雲漢祖
始祖
後廉祖

歸安
錢氏祖坟
三世科甲
一至巡撫

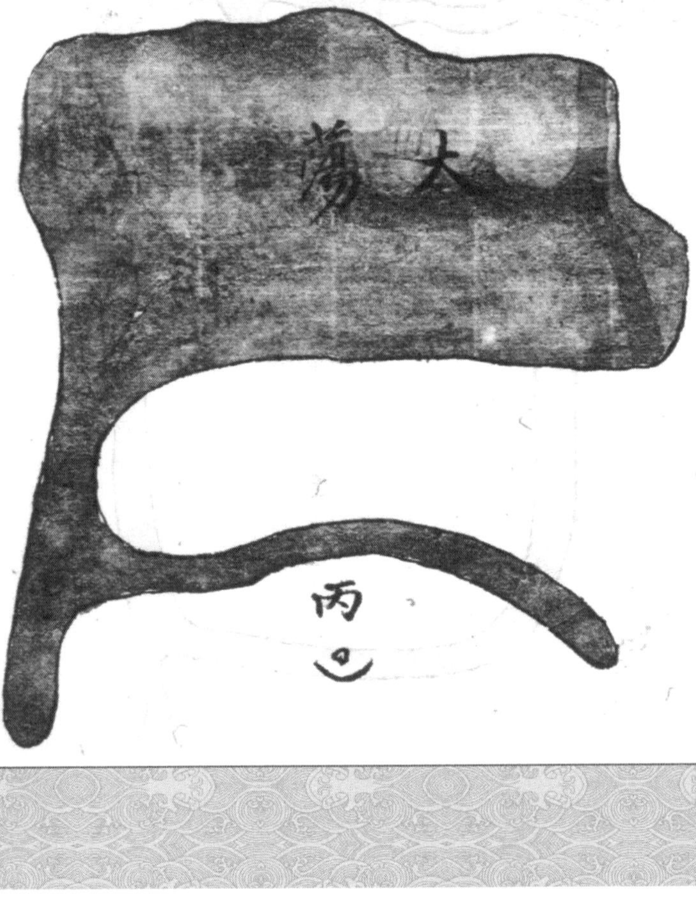

諸翟鎮侯白村公坟中元時
發三甲侯堯封仕福建叅政
此圖從張稼夫發祥圖書上抄
來叅致張紫峰將
來段圖稼夫曰妙妙

張稼夫曰如此好地作者惜非大匠
不能以人力補天巧所以未盡地
灵力量若依楊公秘旨修為以
塋中元則富當敵國貴必三公
豈僅發小小三甲而已耶

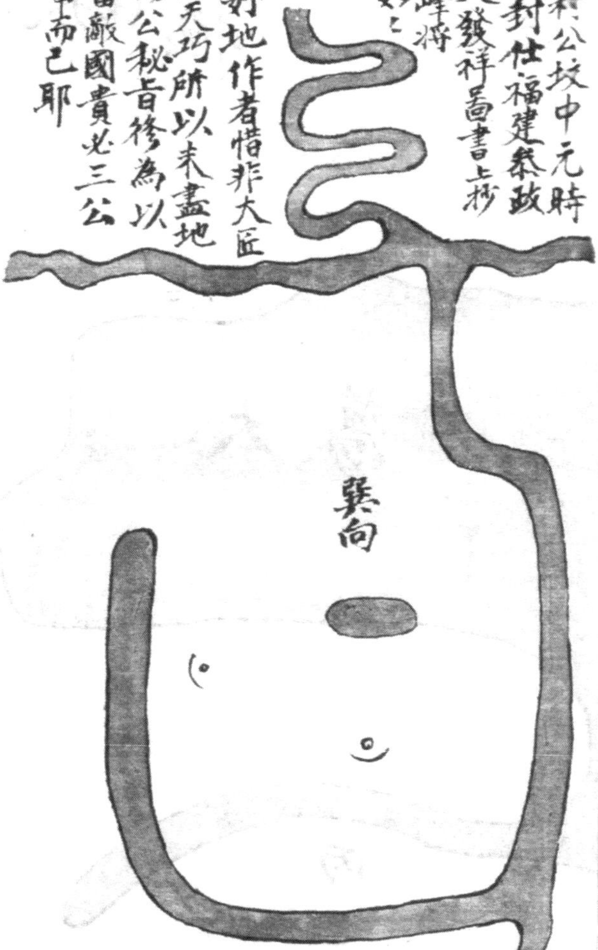

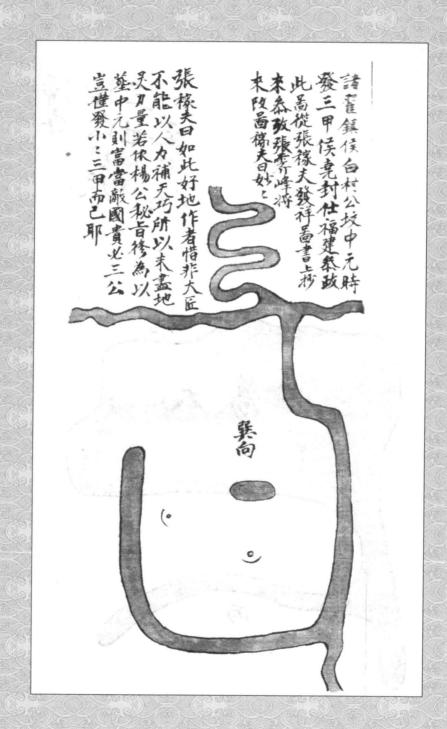

茜涇朱子興父坟王南田扦
張祿夫改穴在後棄山子曰
不愧為蔣氏徒孫

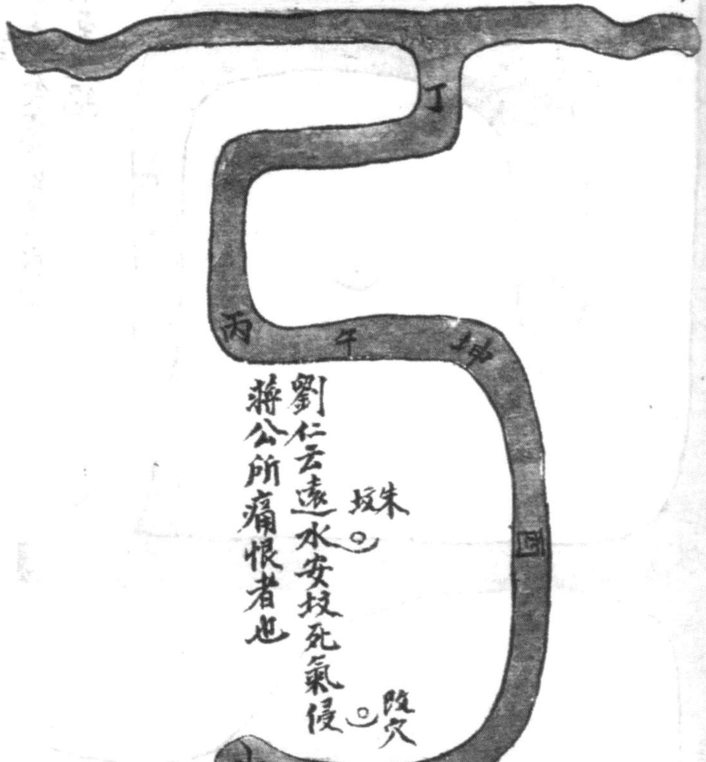

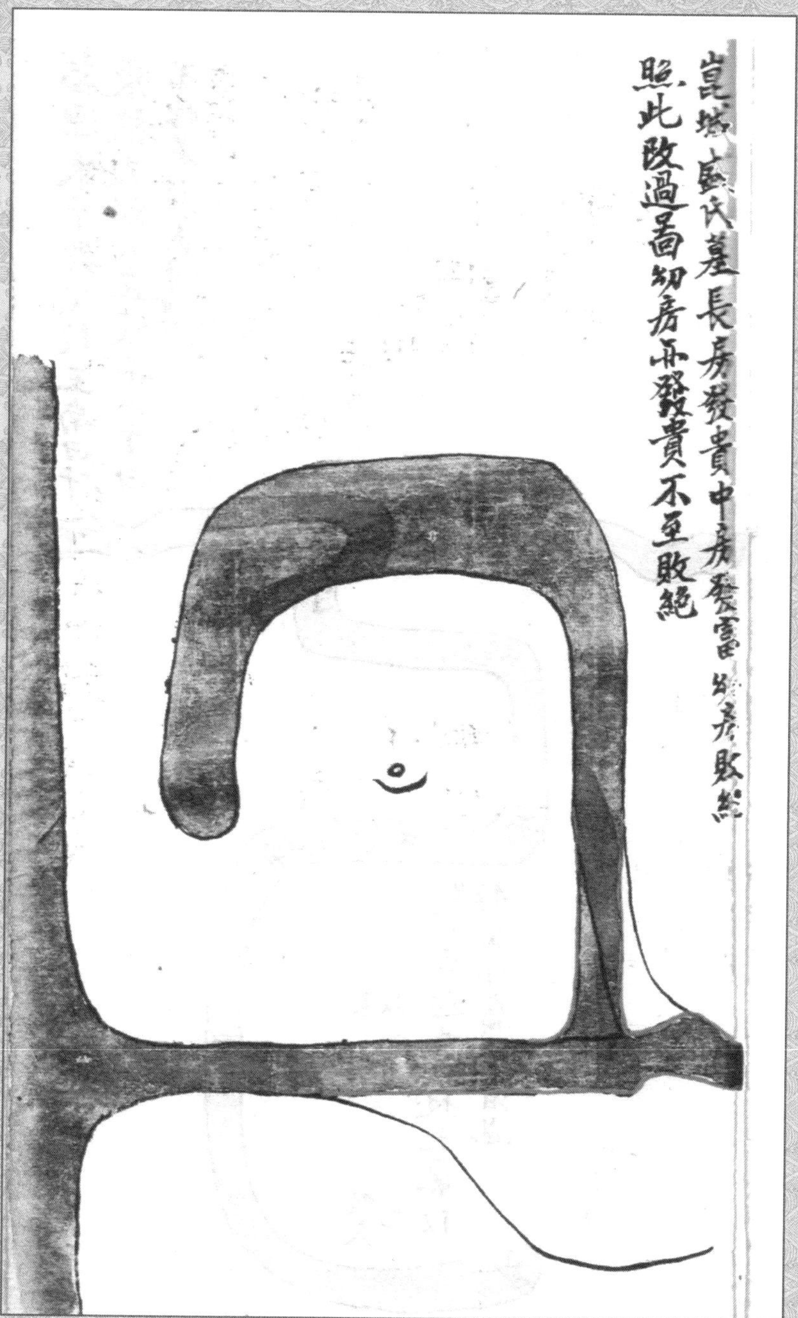
崑城盧氏墓長房發貴中房發富小房敗絕
照此改過圖幼房不發貴不至敗絕

松江府城北門外楊夢元祖坟居後封翁雙瞽夢元登進士樂山子云此地曲水來案如草几依局應作甲庚向今作壬丙是玄攣龍大格而取傍受地師真是盲瞽

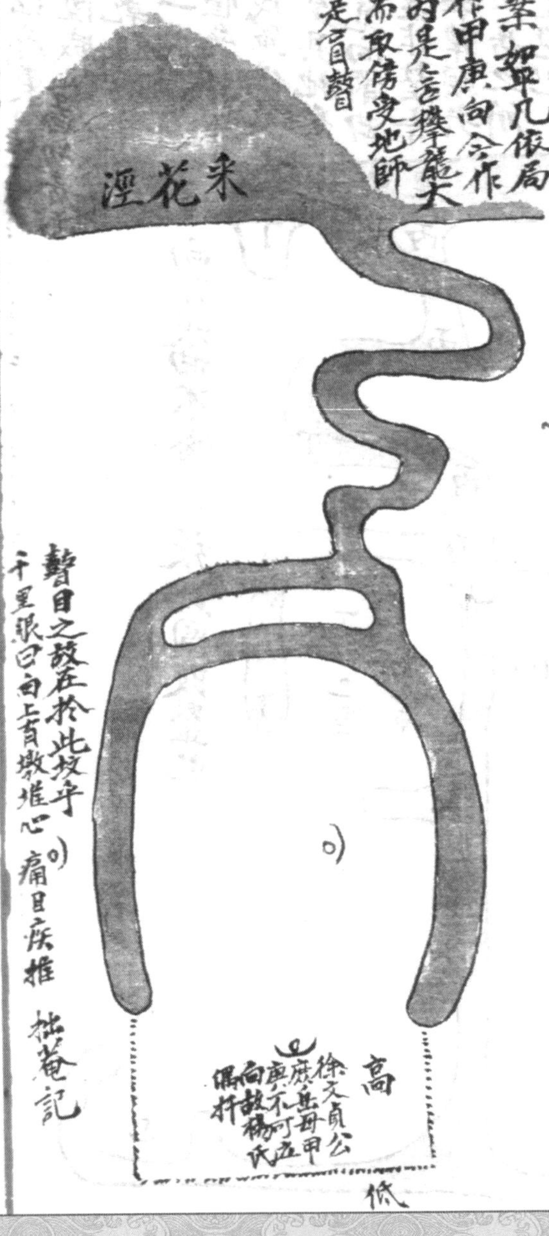

瞽目之故在於此坟乎

千里眼曰面上有墩堆心痛目疾推

拙菴記

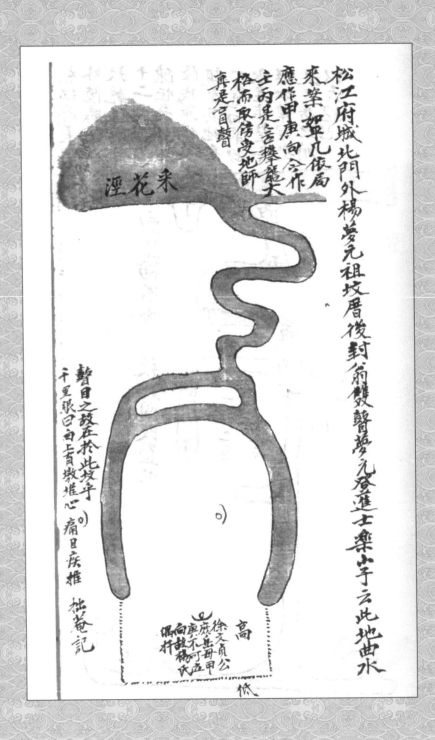

松江府東関外陸咸熙祖坟乾隆庚申十二月初九陳恒坐扦乾隆戊寅僚嘗親至其地登一覽向前曲水並非整齊形如犂頭尖此二房之所以夭絕也

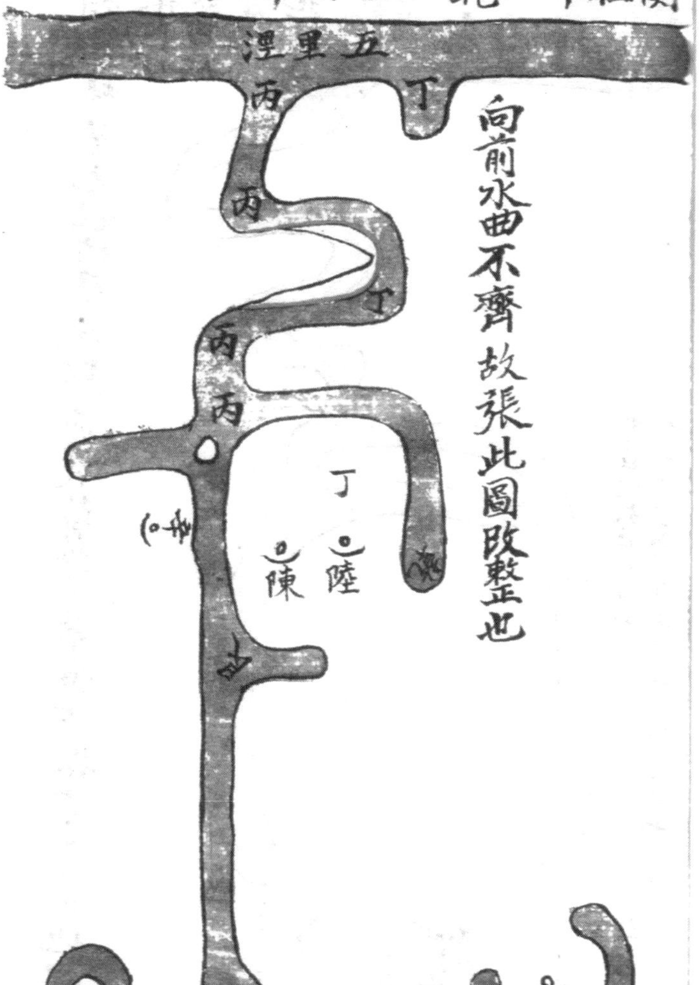

松江府
杜天申陽宅
張稼夫日好

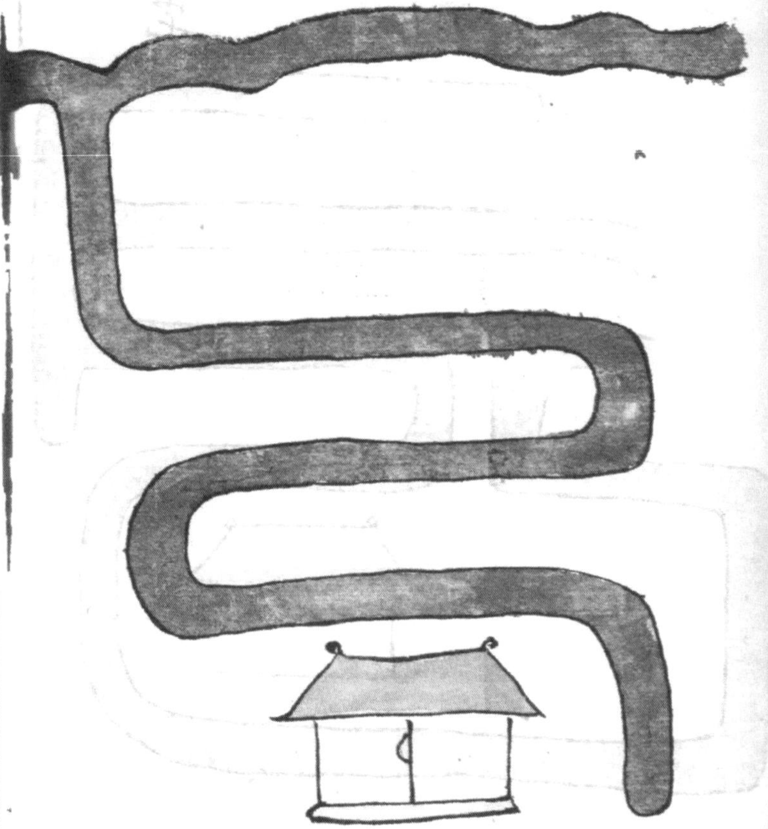

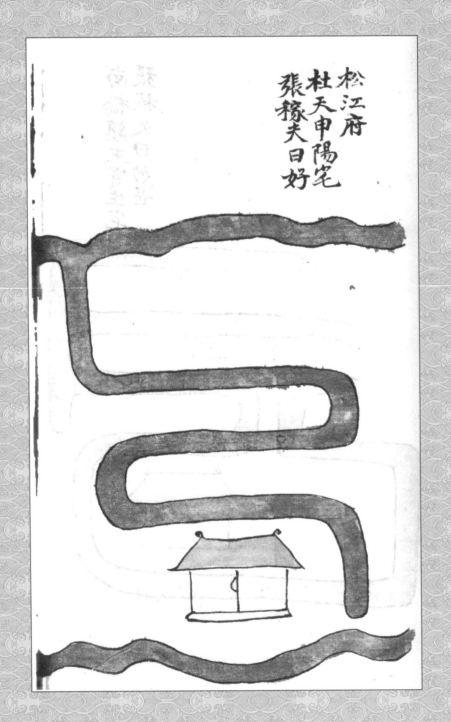

南橋鎮王賓生宅
張稼夫曰妙甚

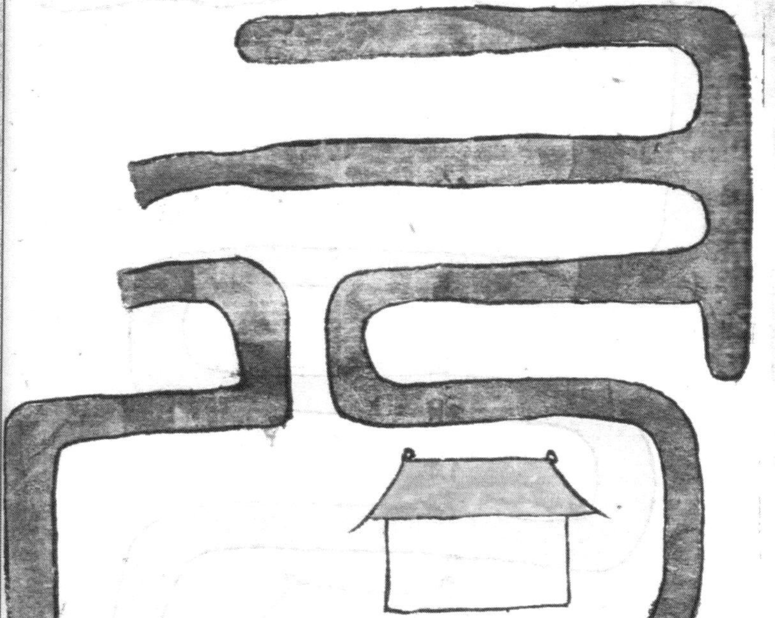

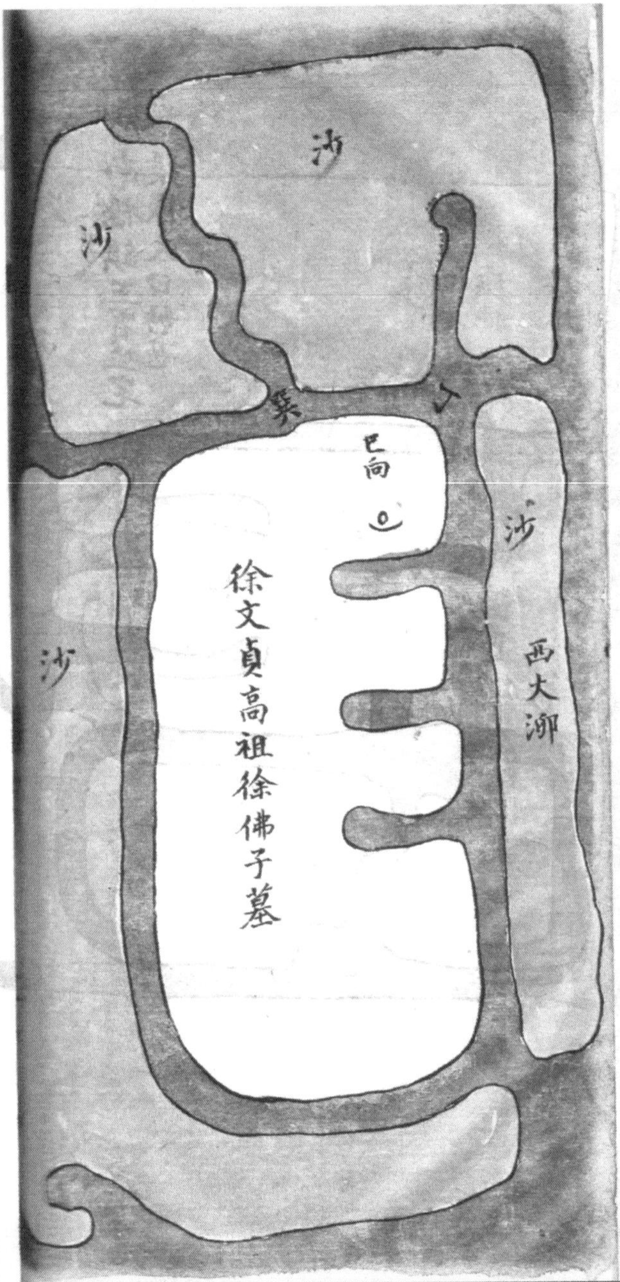
沙
沙
巽
巳向
沙
徐文貞高祖徐佛子墓
沙
西大泖

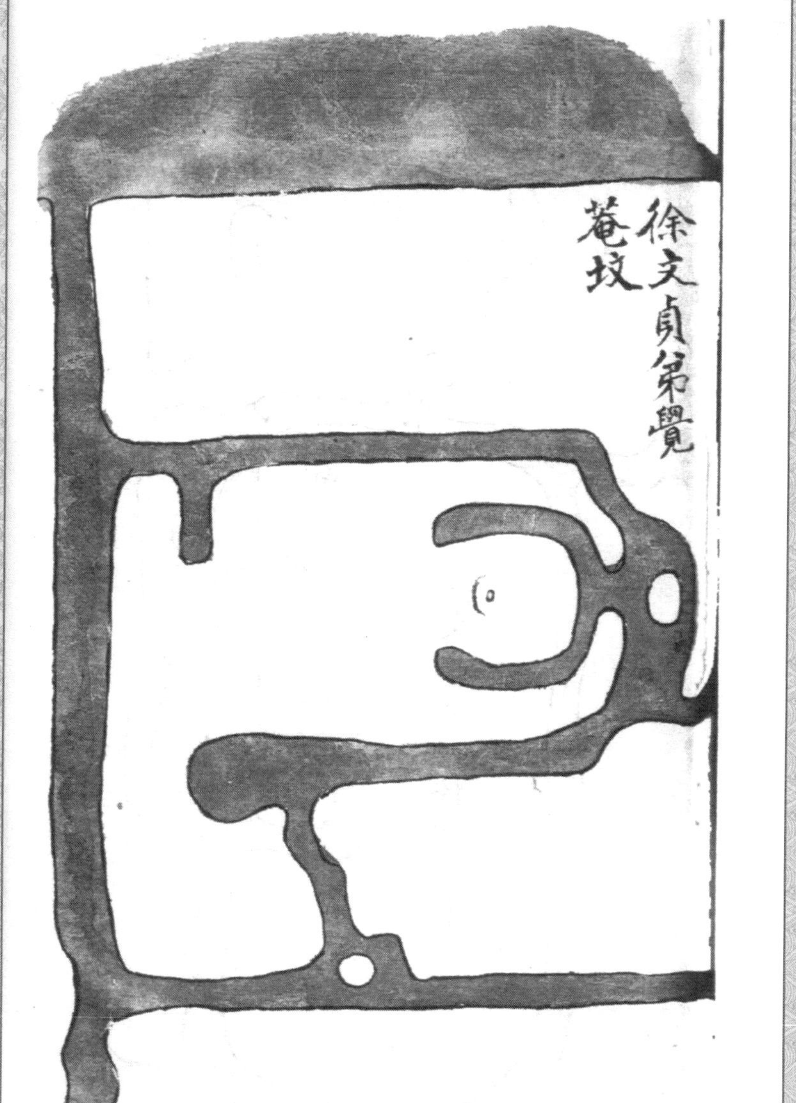
徐文貞弟覺菴坟

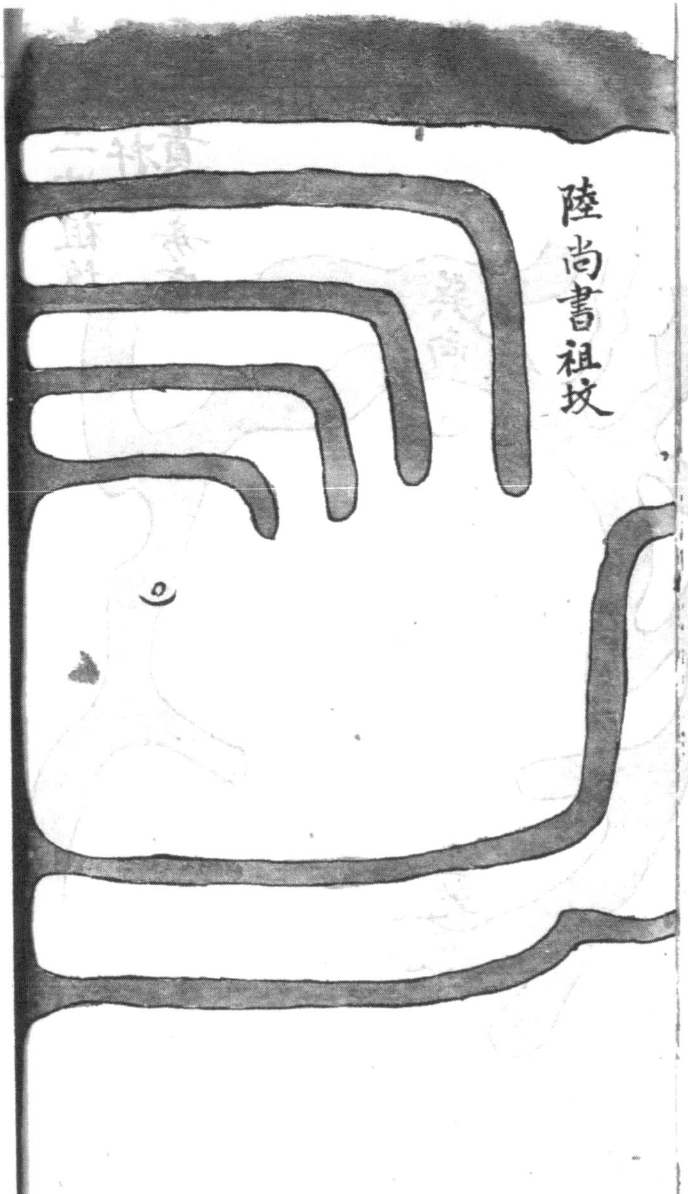
陸尚書祖坟

慈溪
袁世二世祖坟
目師扦
長房貴各房富

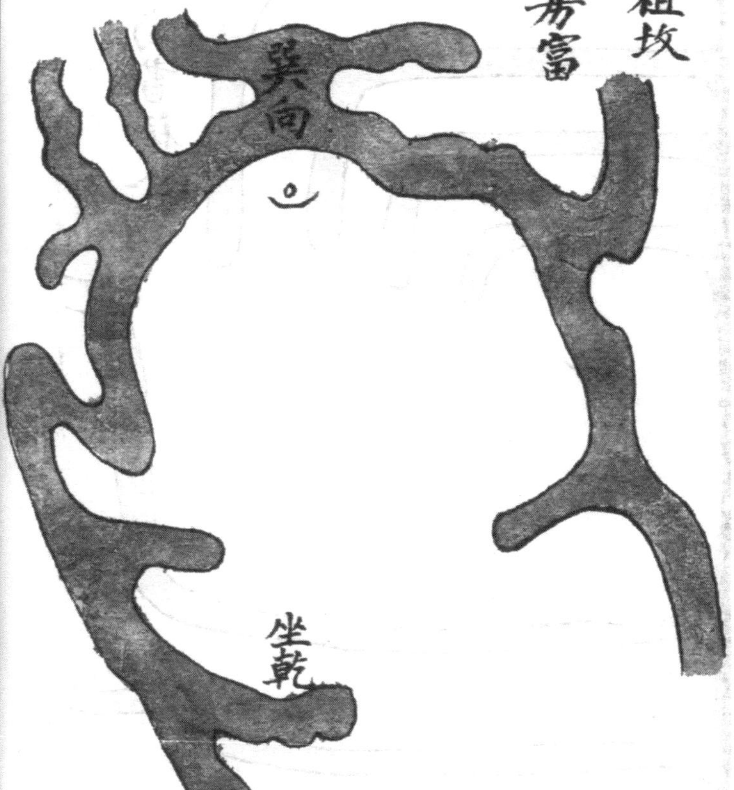

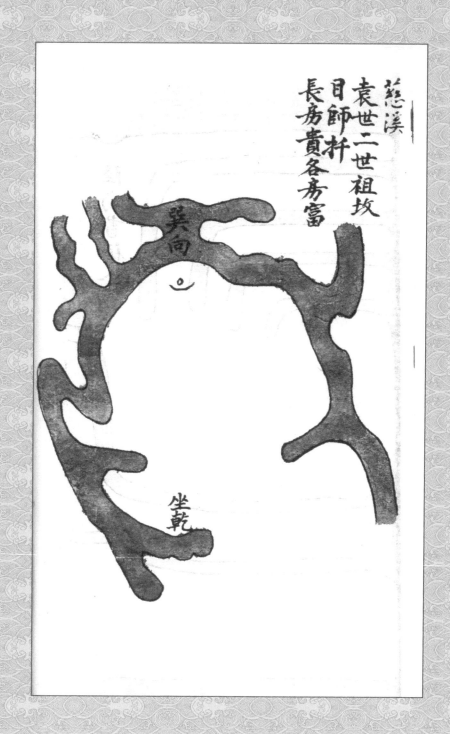

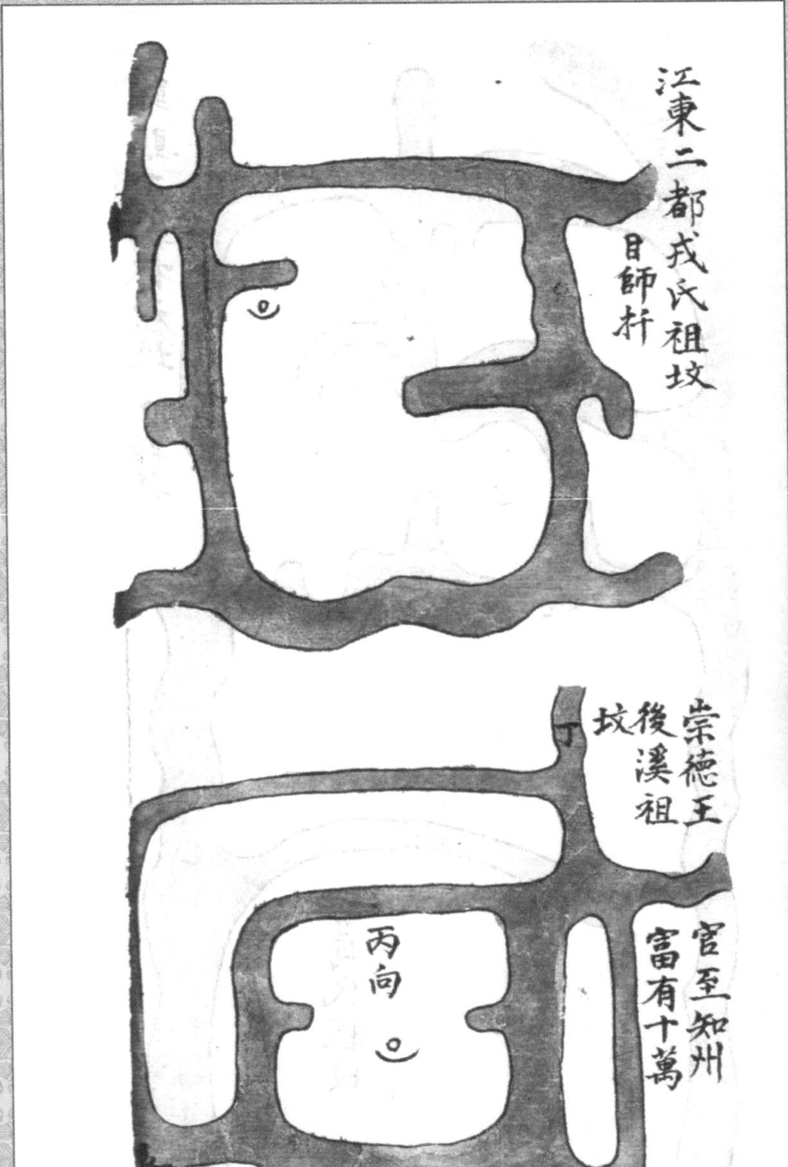
江東二都戎氏祖坟
甘師扦
崇德王後溪祖坟
丙向
官至知州
富有十萬

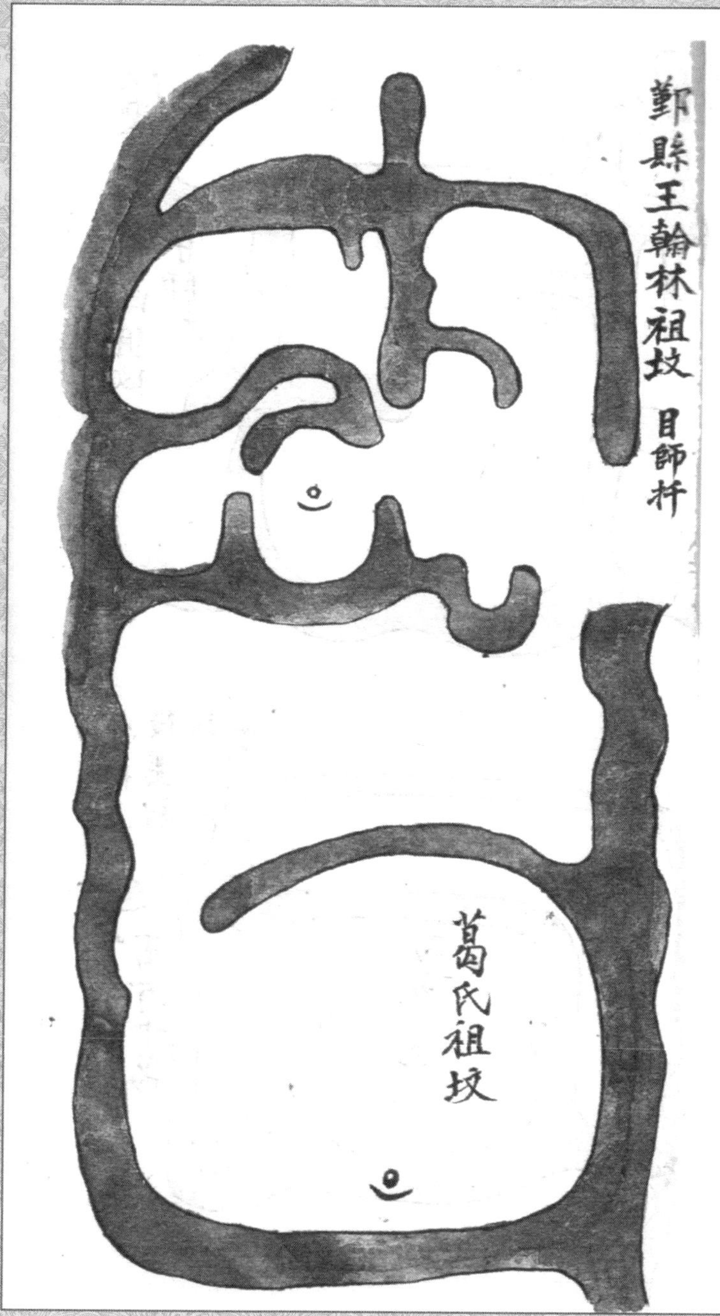
鄞縣王翰林祖坟
目師杆
葛氏祖坟

林氏祖坟幕講
師扦
高
低
低

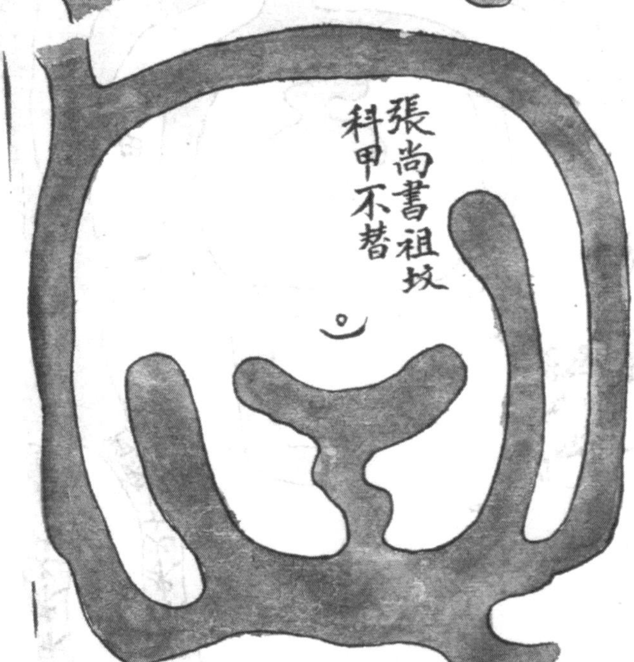
張尚書祖坟
科甲不替

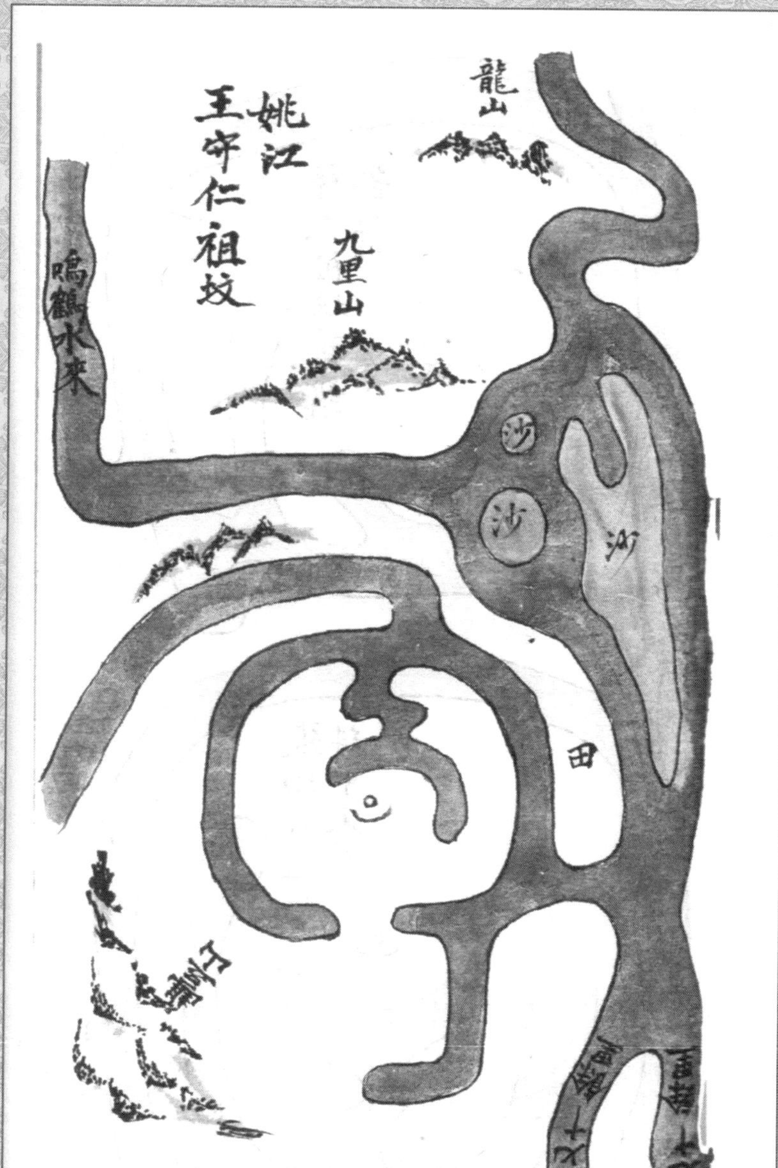

姚江
王守仁祖墳
龍山
九里山
鳴鶴水來
沙
沙
田

上海喬撫院祖坟

按老坟本係中黃地葬於康熙中年上元時所以其家遂發一交乾隆甲子中元時老坟新坟俱得令有氣其興也勃焉又何疑乎

撫台諱光烈乾隆丙辰舉人丁巳進士子鍾吳己卯舉人

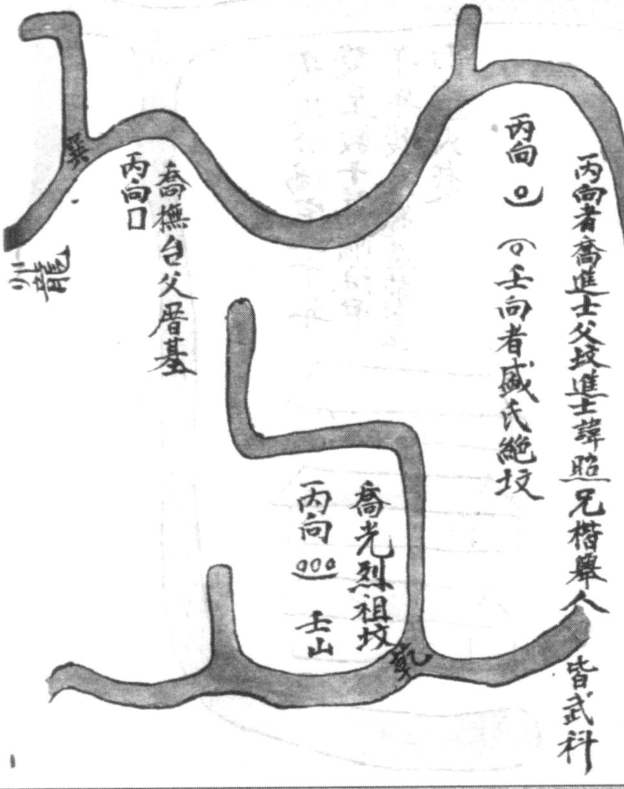

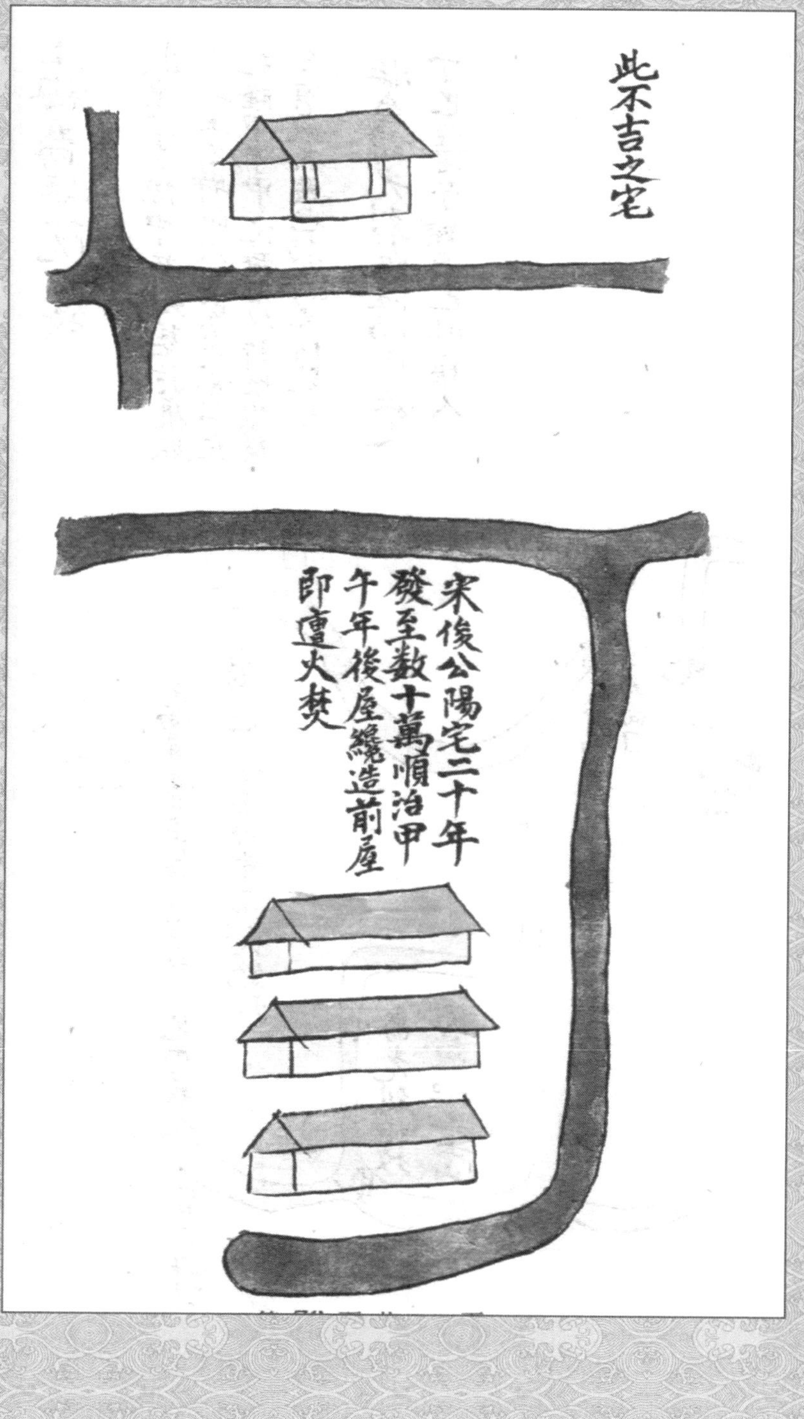
此不吉之宅
宋後公陽宅二十年
發至數十萬順治甲
午年後屋纔造前屋
即遭火焚

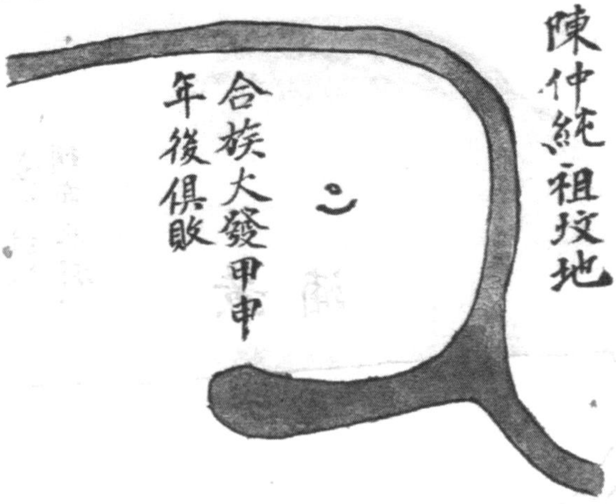
陳仲純祖坟地
合族大發甲申年後俱敗

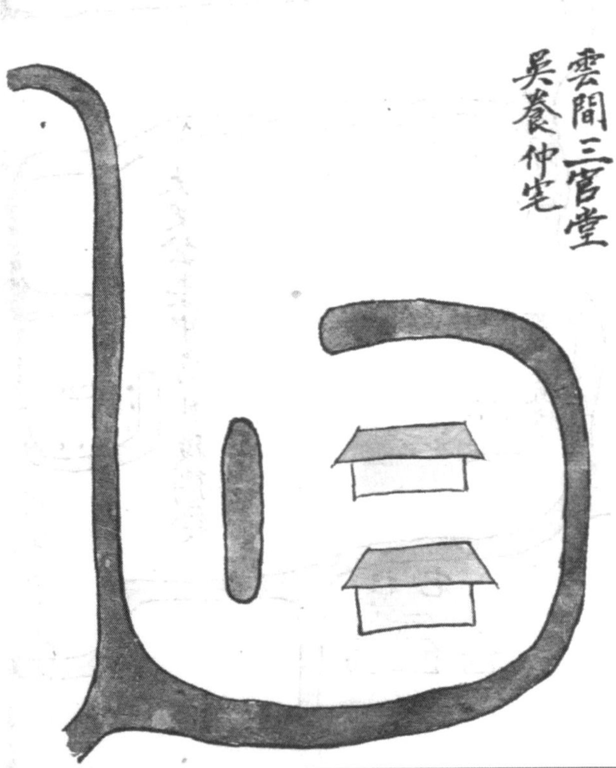
雲間三官堂
吳養仲宅

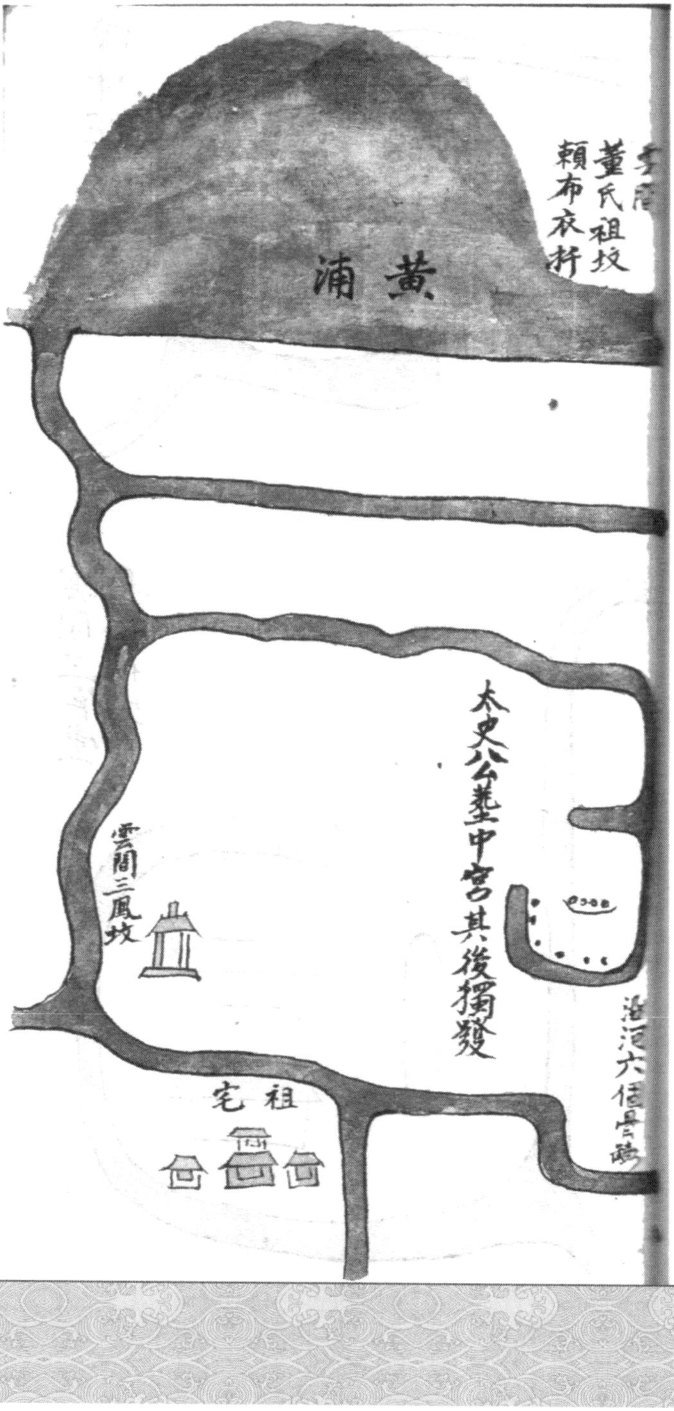
黃浦
董氏祖坟
賴布衣扦
太史公墓中宮其後獨發
雲間三鳳坟
祖宅

南橋王彥直陽宅

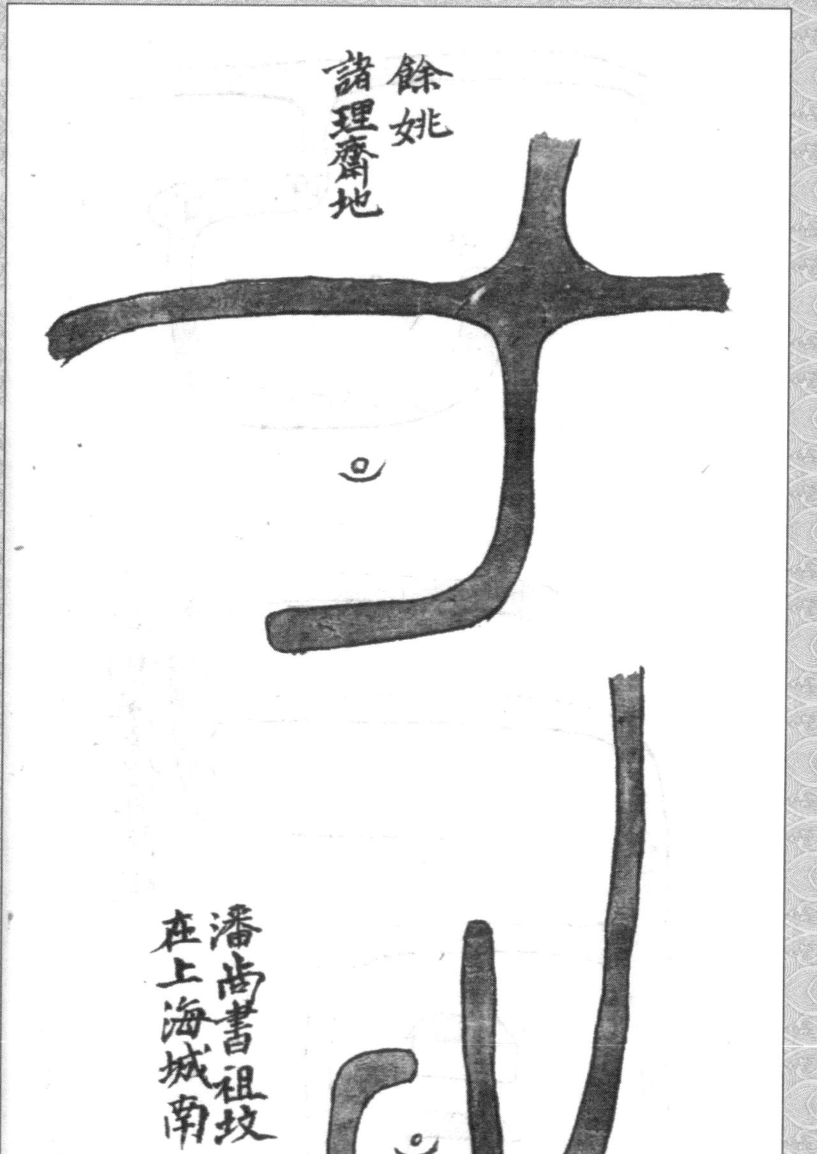
餘姚
諸理齋地
潘尚書祖坟
在上海城南

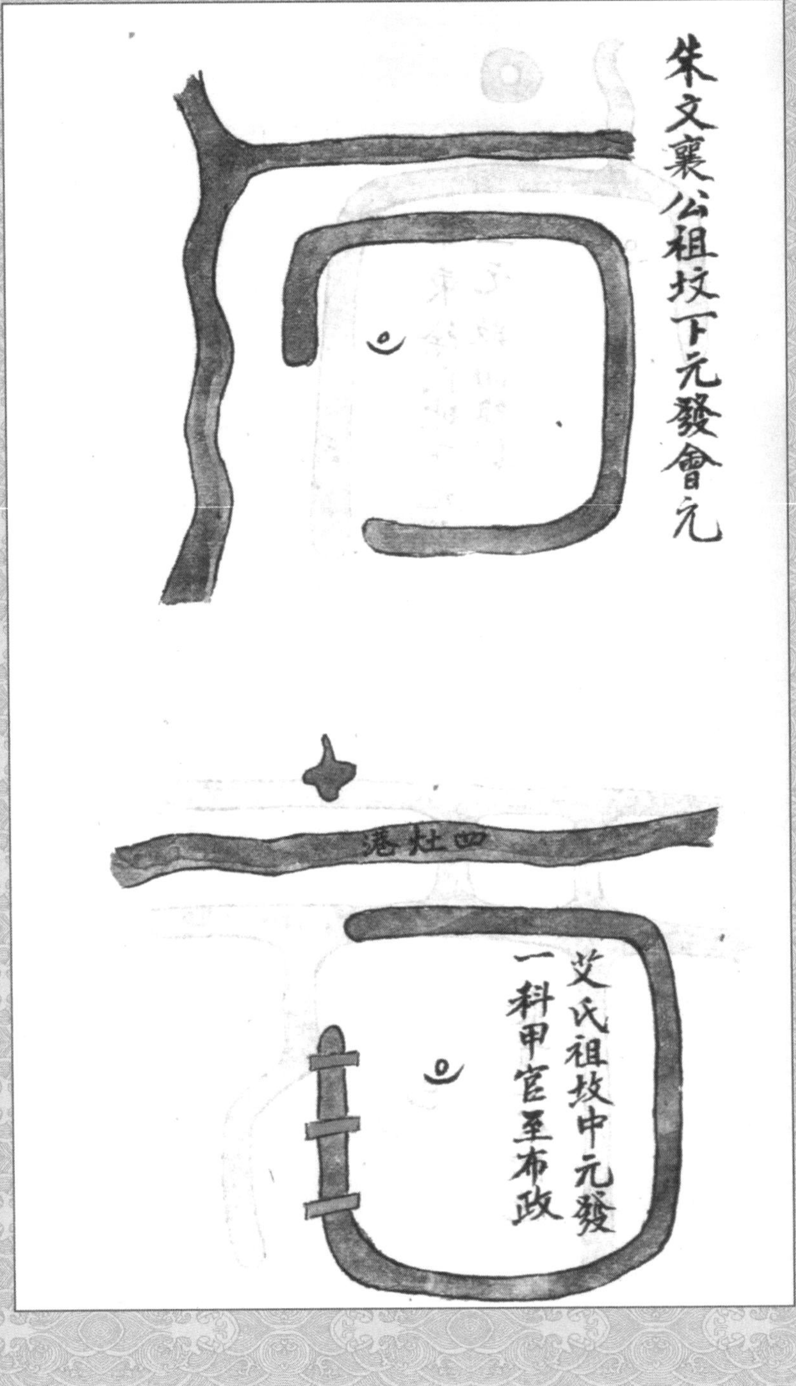
朱文襄公祖坟下元發會元
四灶港
艾氏祖坟中元發
一科甲官至布政

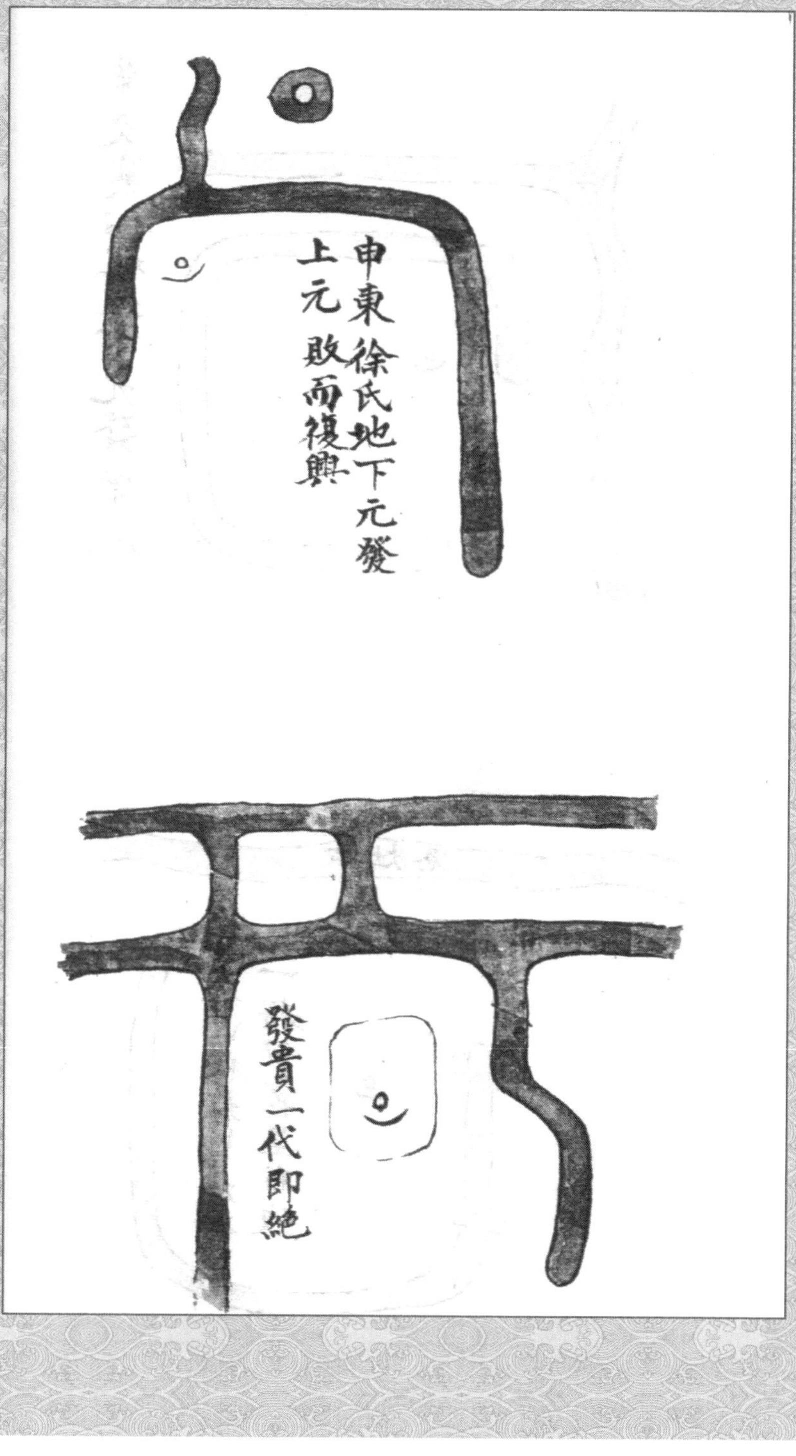
申東徐氏地下元發
上元敗而復興
發貴一代即絕

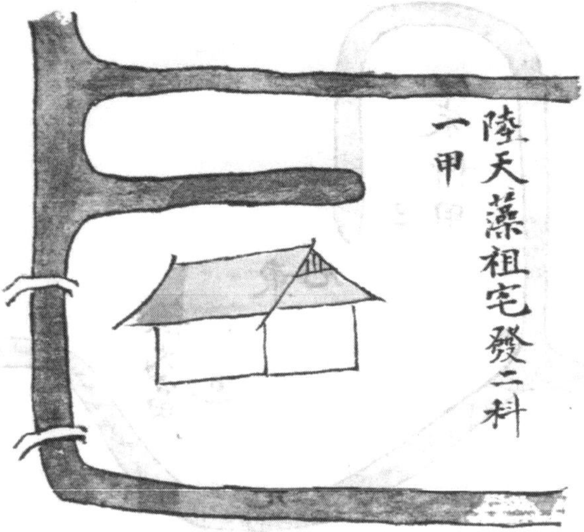
陸天藻祖宅發二科
一甲

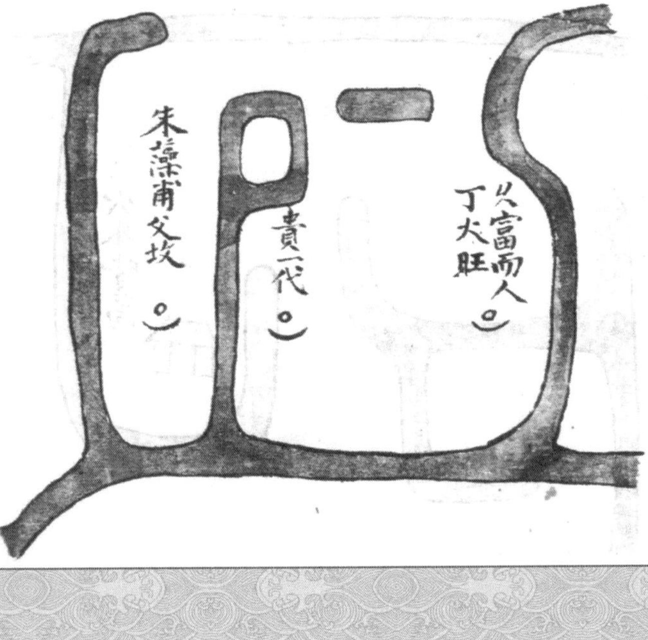
只富而人
丁大旺
貴一代
朱藻甫父坟

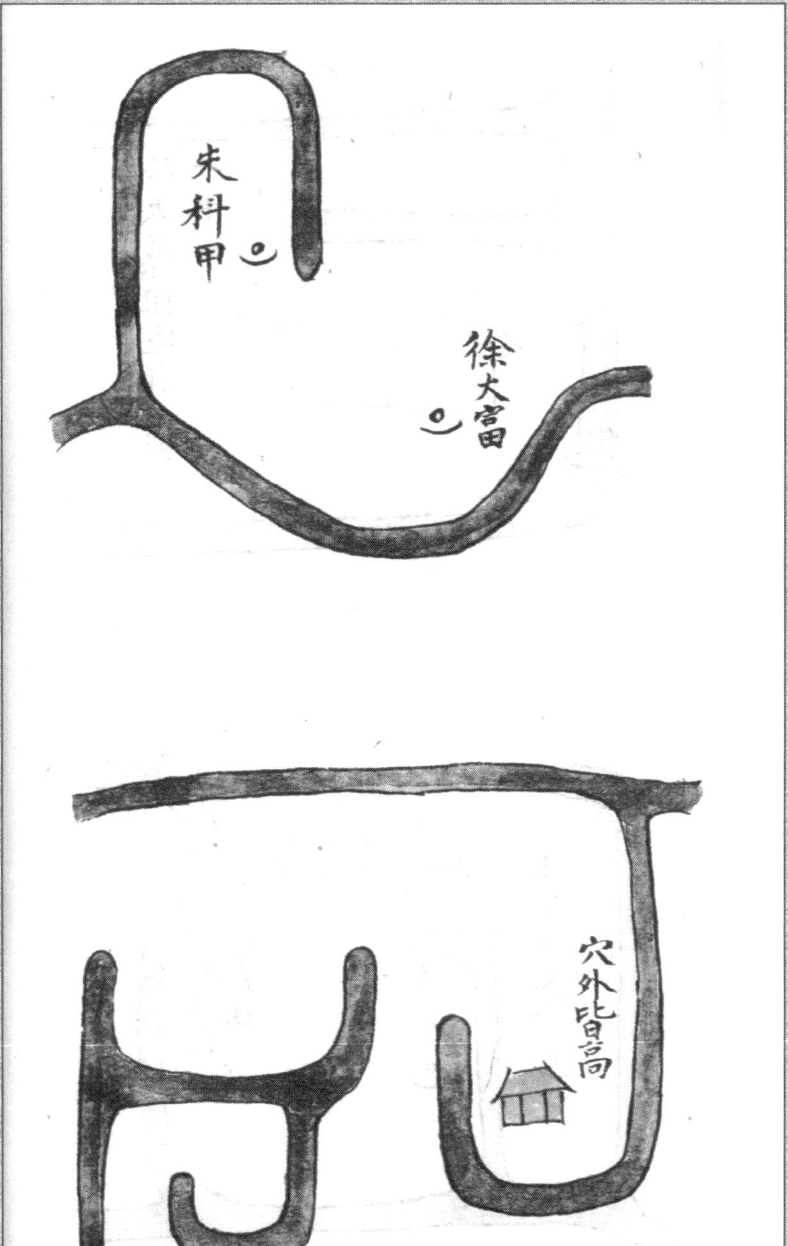
朱科甲
徐大富
穴外皆高

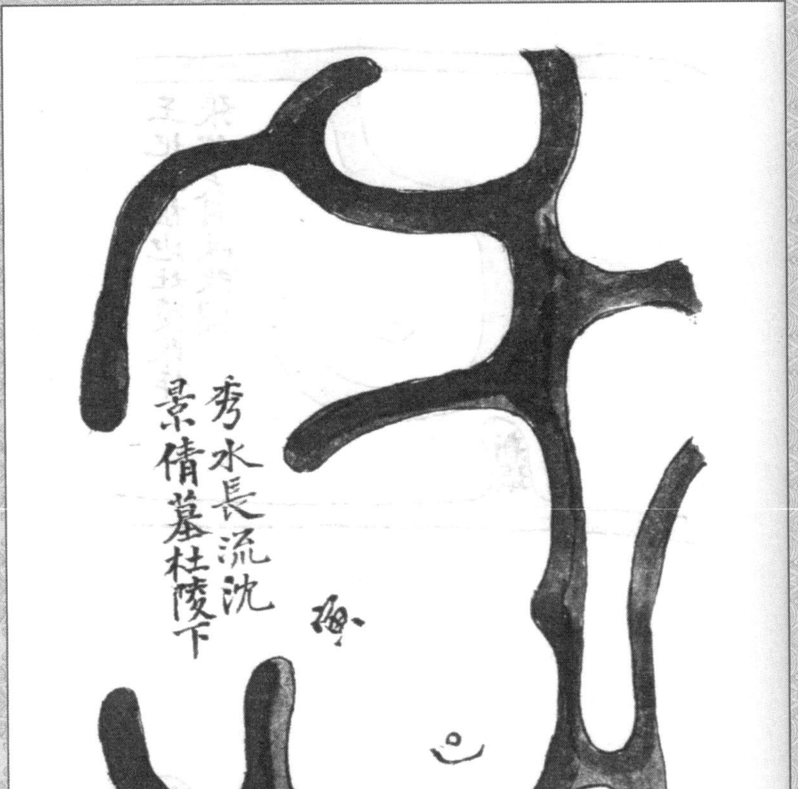
秀水長流沈
景倩墓杜陵下

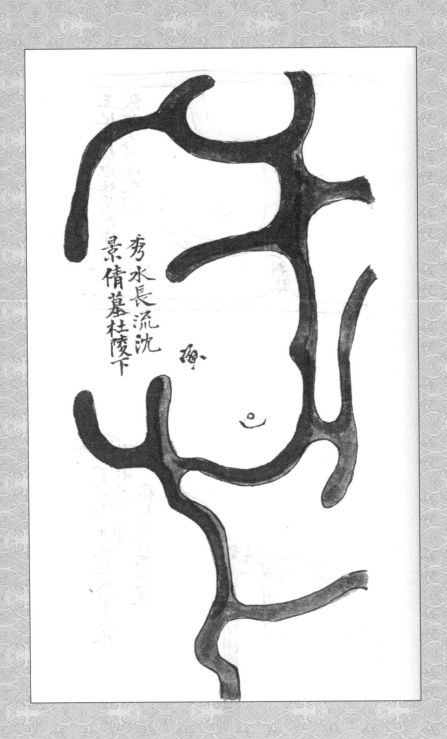

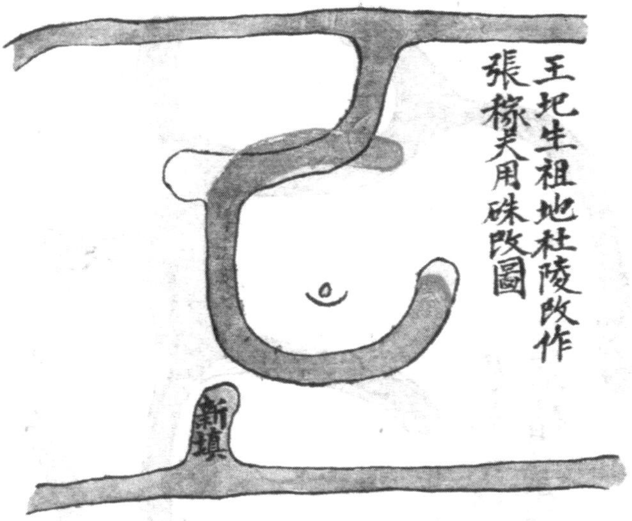
王圯生祖地杜陵改作
張稼夫用硃改圖
新填

夏鼐仲先生地穴前之水
杜陵為開
張稼夫曰不足取

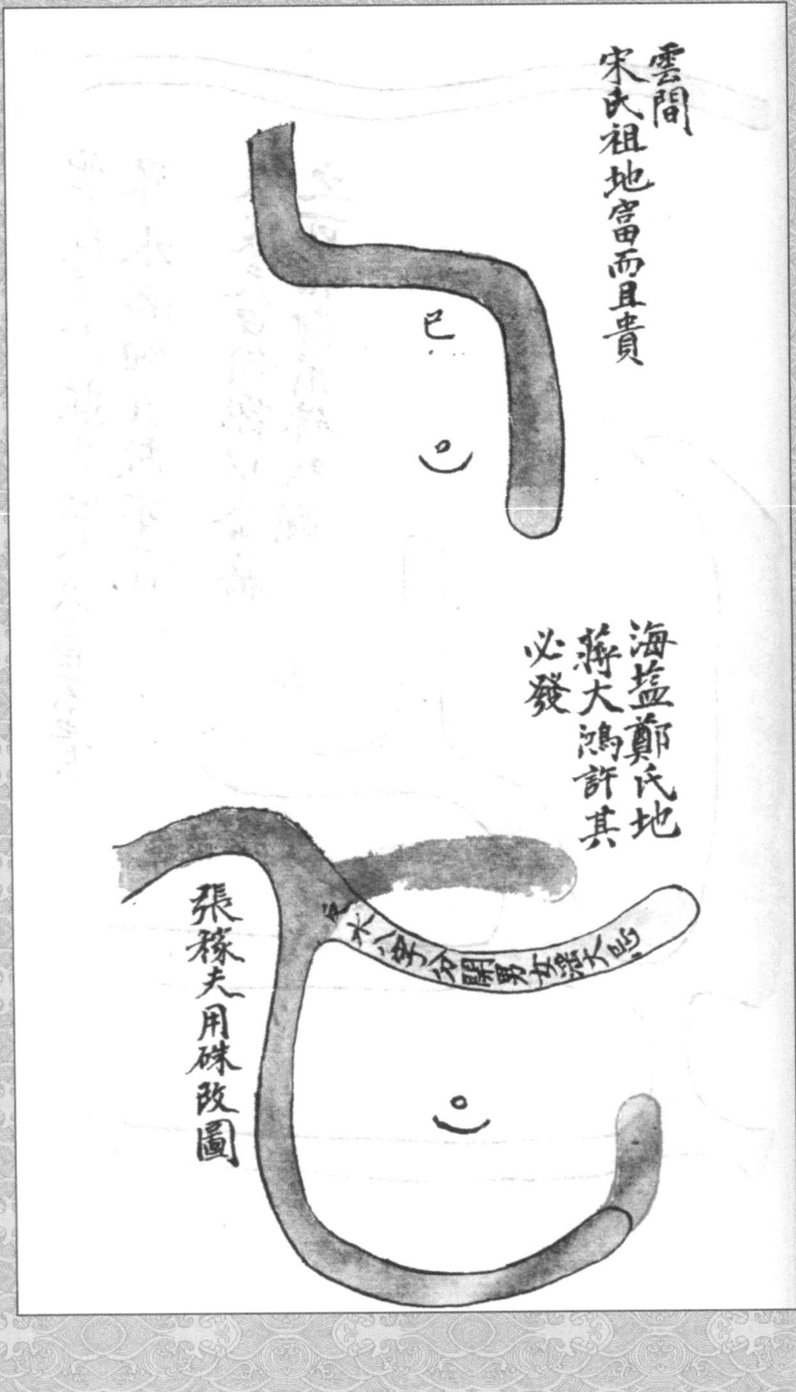
雲間
宋氏祖地富而且貴
巳
海鹽鄭氏地
蔣大鴻許其
必發
張祿夫用硃改圖

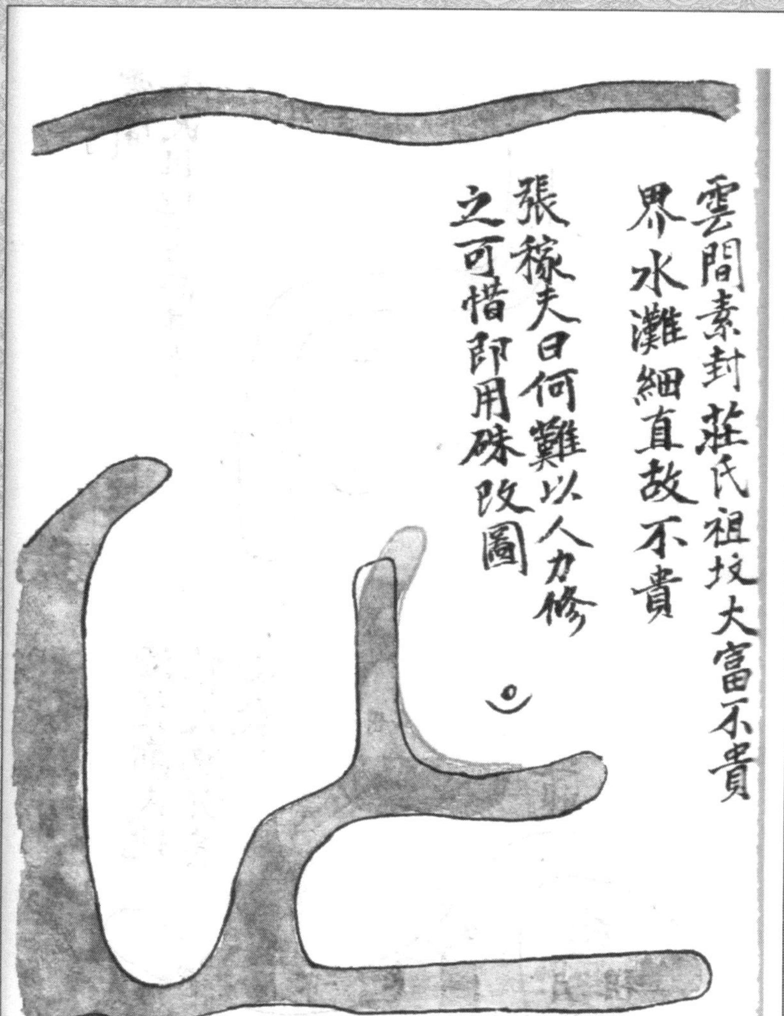
雲間素封莊氏祖坟大富不貴
界水灘細直故不貴
張稼夫曰何難以人力修
之可惜即用硃改圖

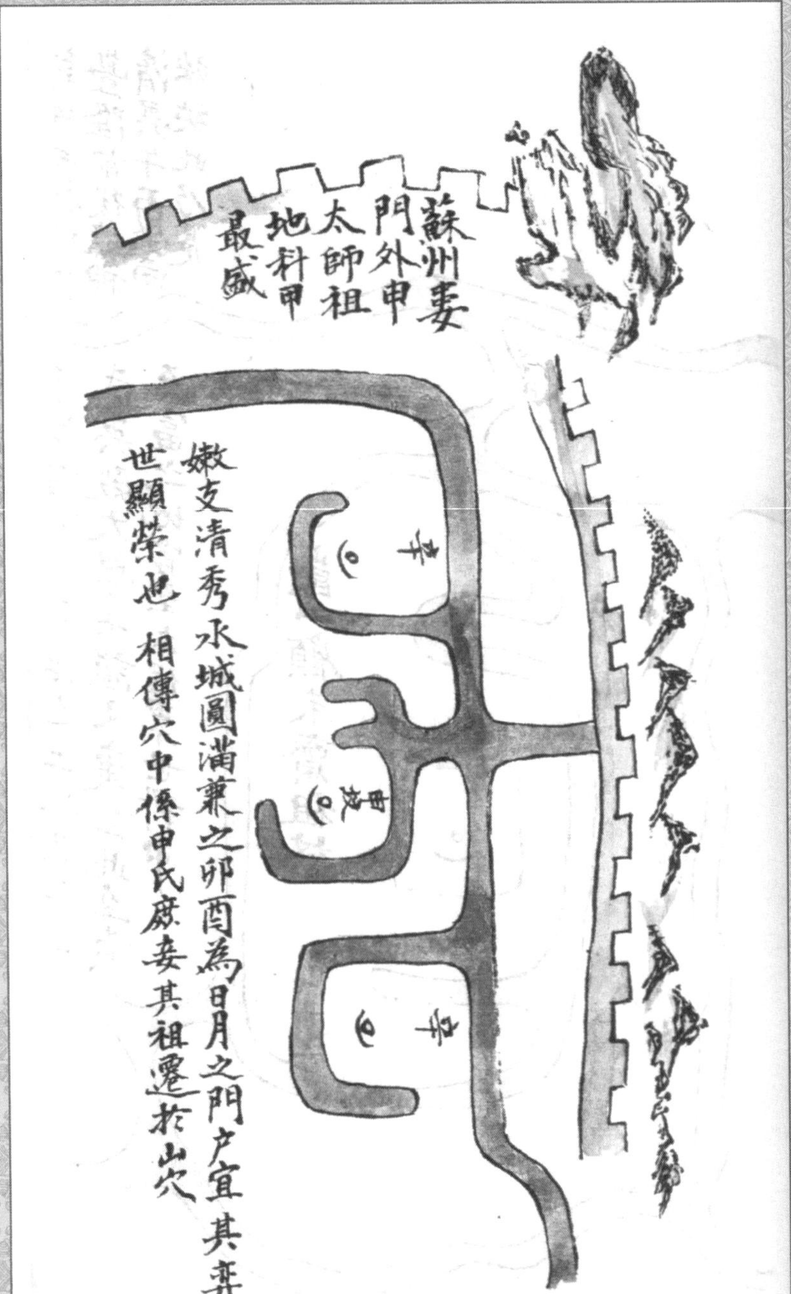
蘇州婁門外申太師祖地科甲最盛
嫩支清秀水城圓滿兼之卯酉為日月之門户宜其奕世顯榮也　相傳穴中係申氏庶妾其祖遷於山穴

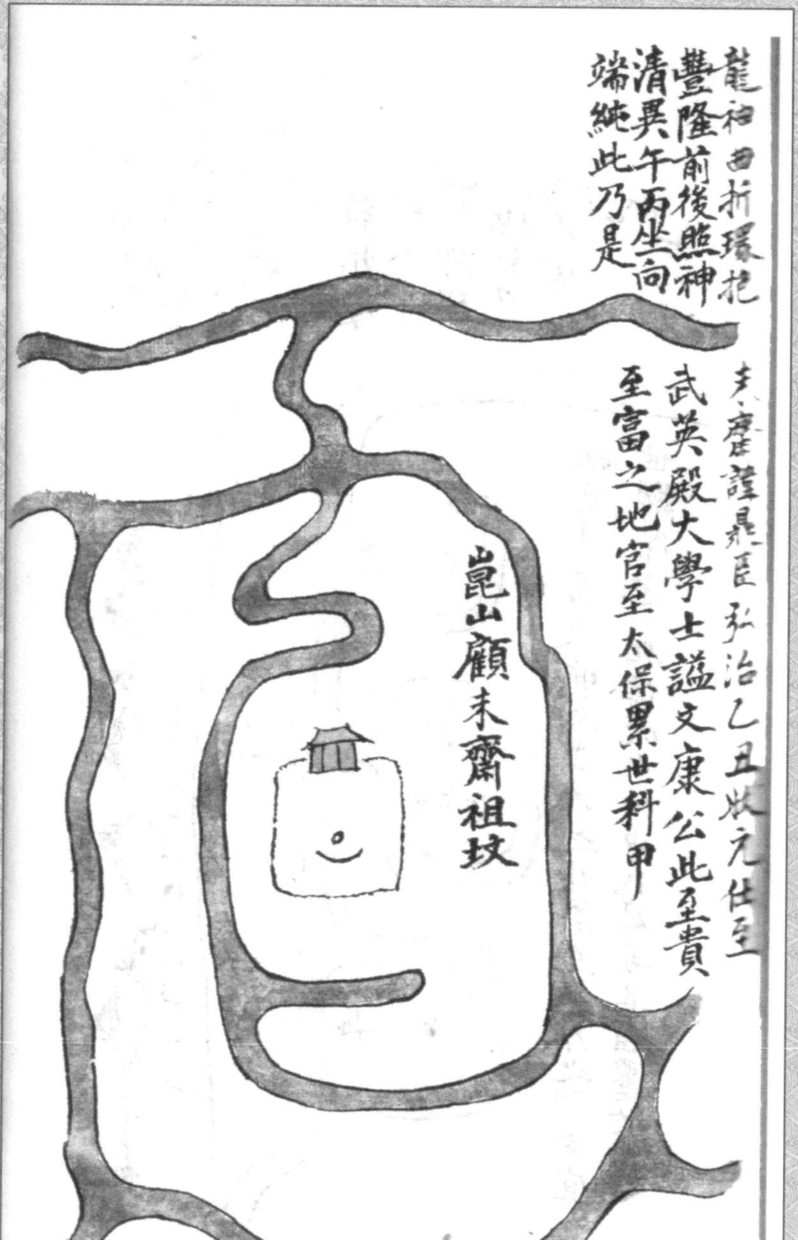
龍神曲折環抱
豐隆前後照神
清巽午丙坐向
端純此乃是
夫、麈謹鼎臣弘治乙丑狀元仕至
武英殿大學士謚文康公此至貴
至富之地官至太保累世科甲
崑山顧未齋祖墳

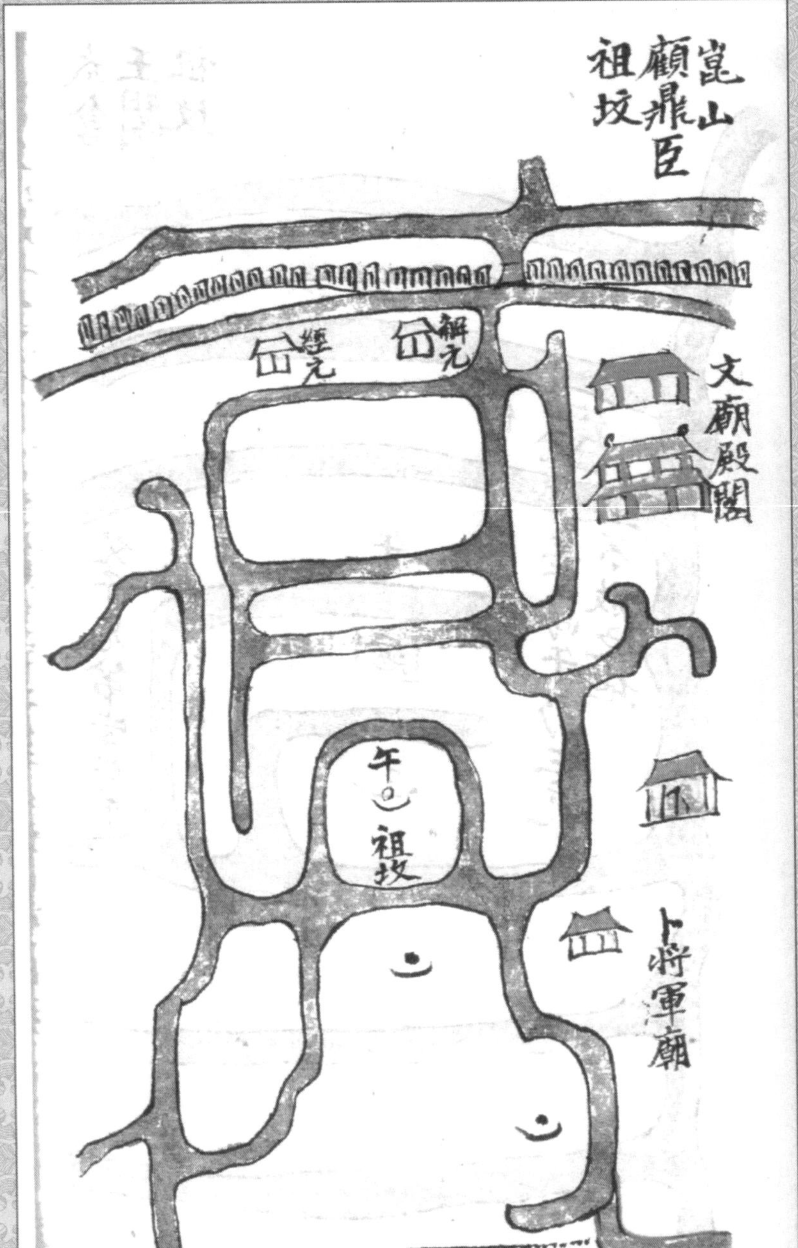
崑山顧鼎臣祖坟
文廟殿閣
解元
祖坟
將軍廟

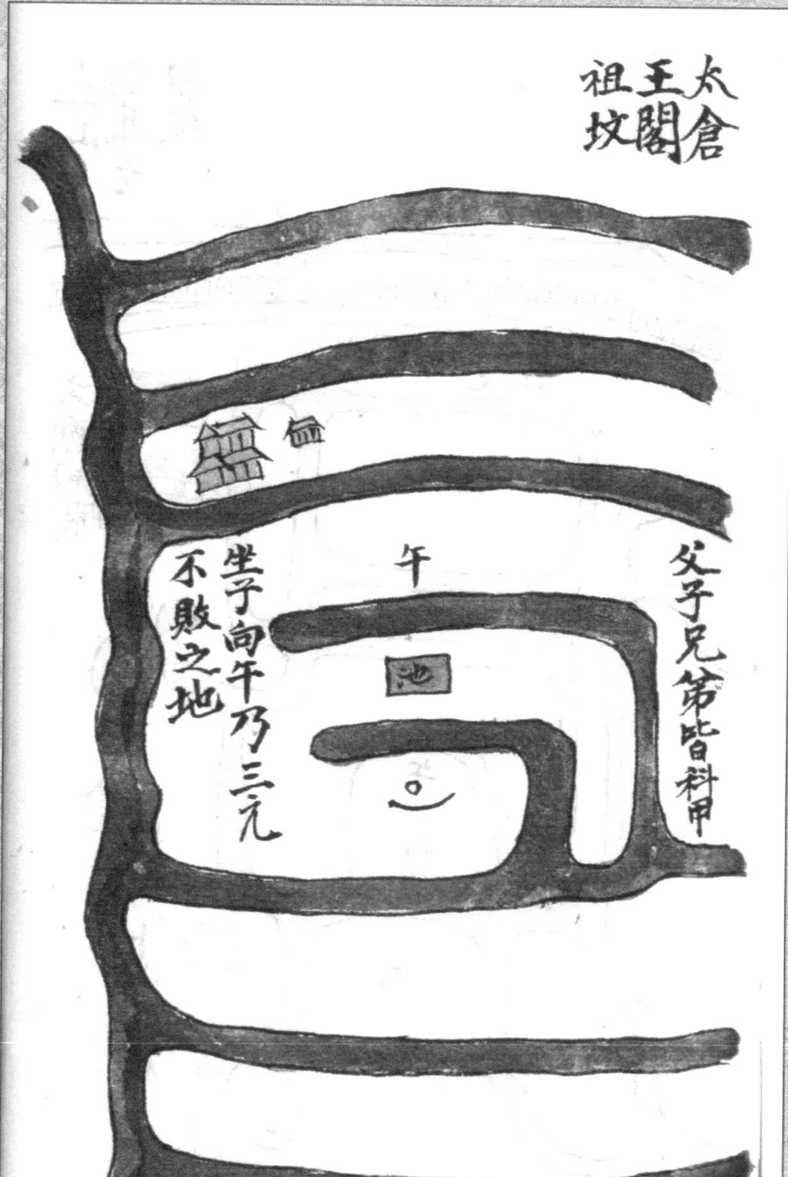
太倉王閣祖坟
父子兄弟皆科甲
午
池
坐子向午乃三元
不敗之地

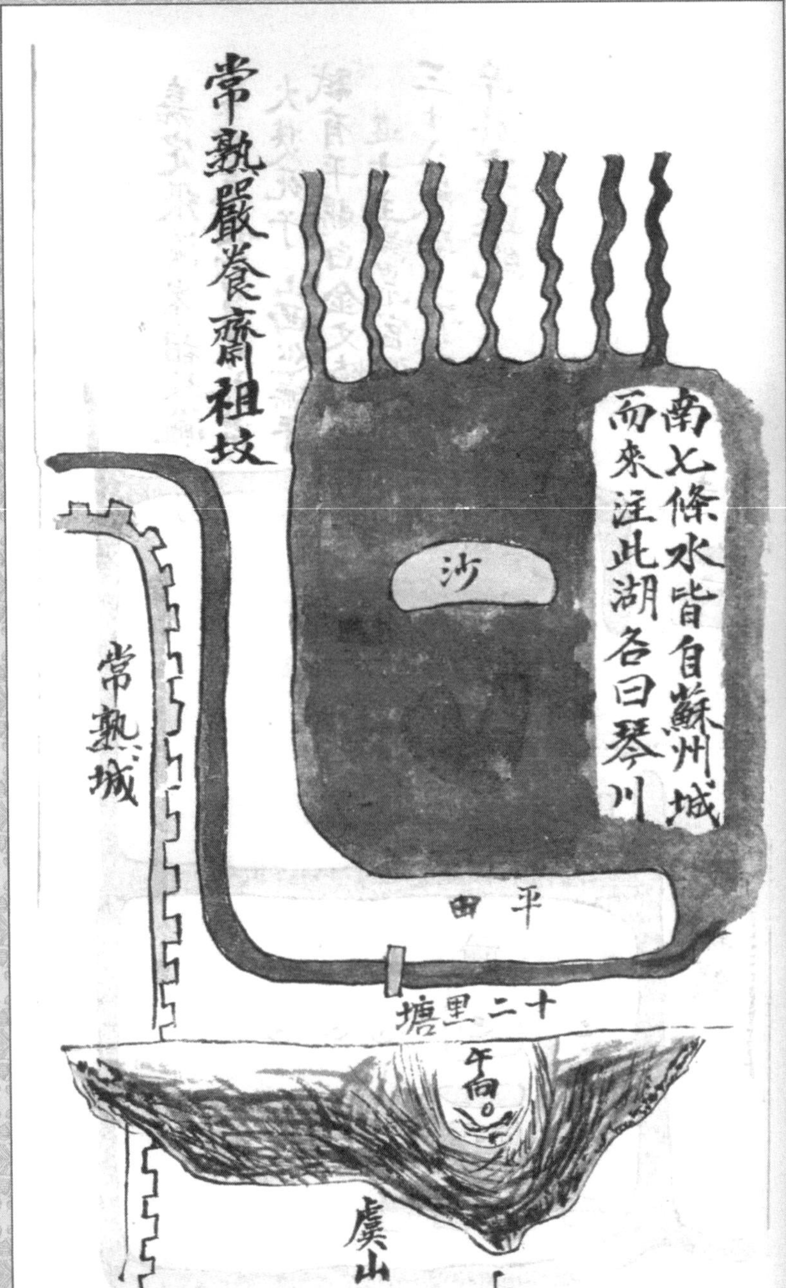
常熟嚴養齋祖坟
南七條水皆自蘇州城而來注此湖各曰琴川
沙
常熟城
平田
十二里塘
午向
虞山

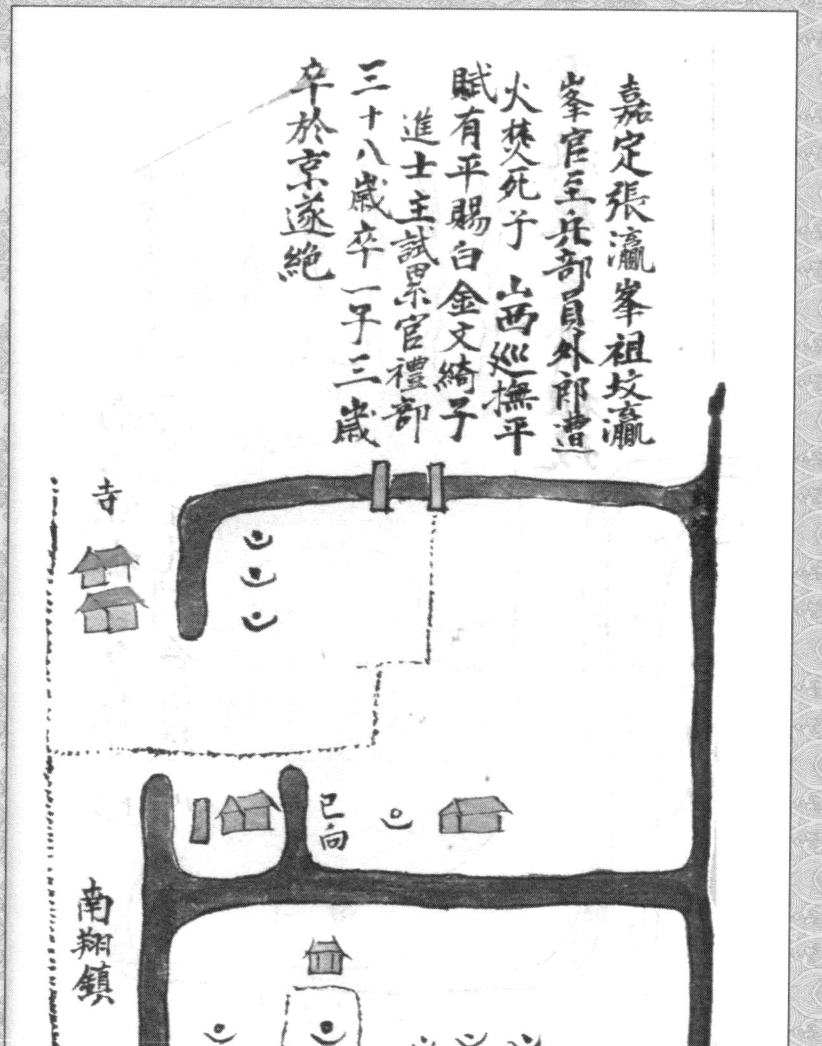
嘉定張瀛峯祖坟瀛
峯官至兵部員外郎遭
火焚死子　山西巡撫平
賦有平賜白金文綺子
進士主試累官禮部
三十八歲卒一子三歲
卒於京遂絕
寺
巳向
南翔鎮

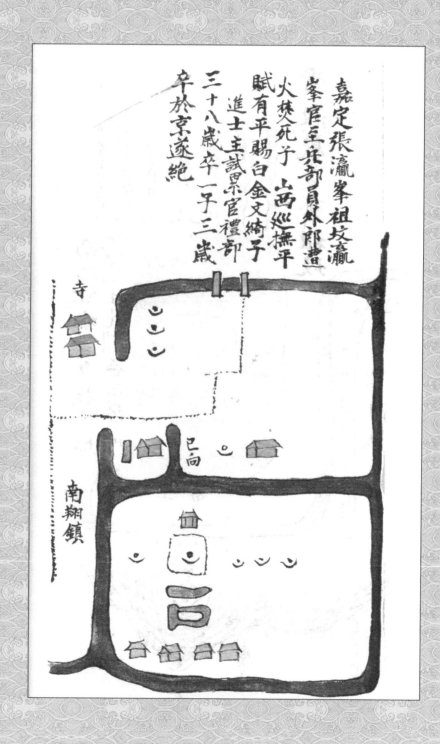

張瀛峯新坟徐龍
溪所扦辛巳年葬
丁未年絕
孫景堂云老坟巽向
此穴又向巽故三歲
藐孩遂卒信乎元運
之不可忽也

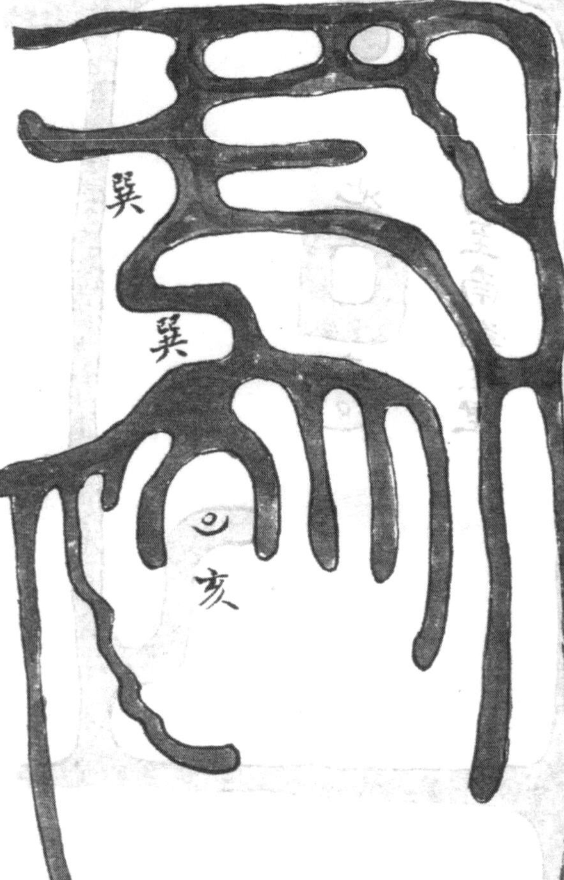

南翔

李進士名芳祖坟

甲庚丙向龍局中平賴向上一池龍神稍聚耳

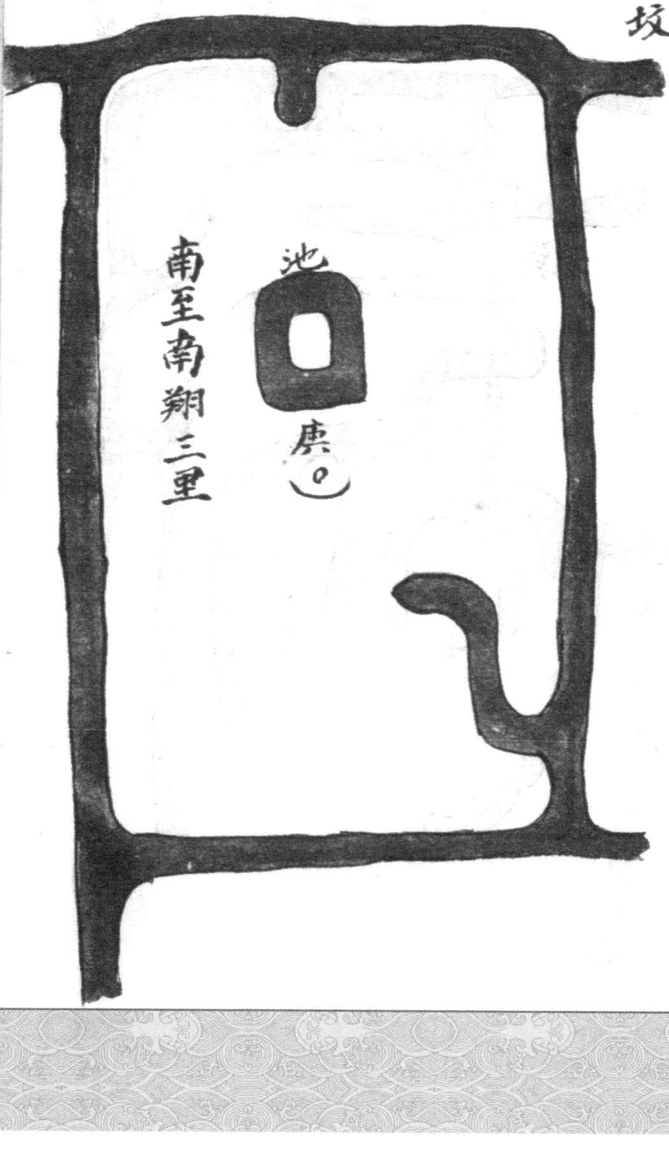

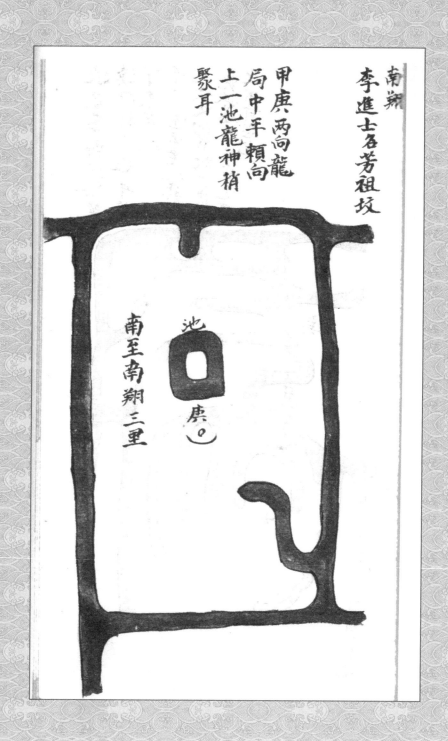

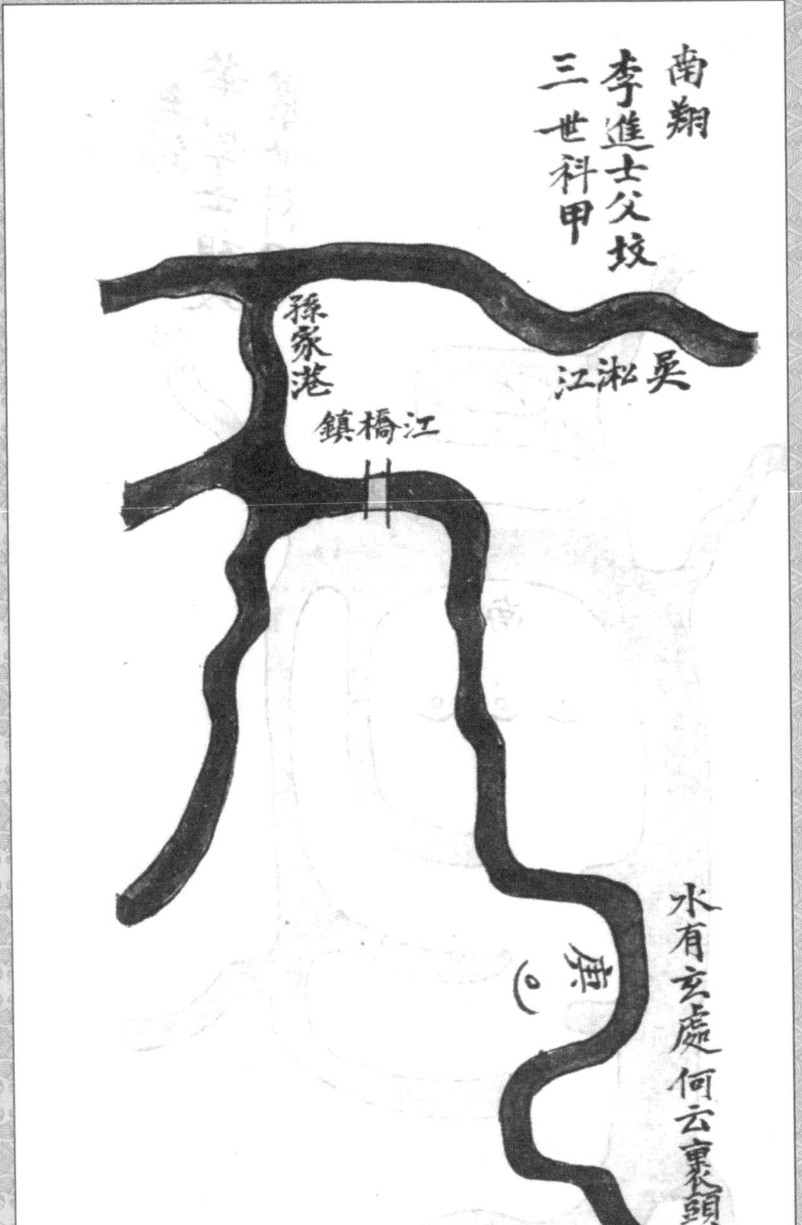
南翔
李進士父坟
三世科甲
孫家港
吳淞江
江橋鎮
庚
水有玄處何云裏頭

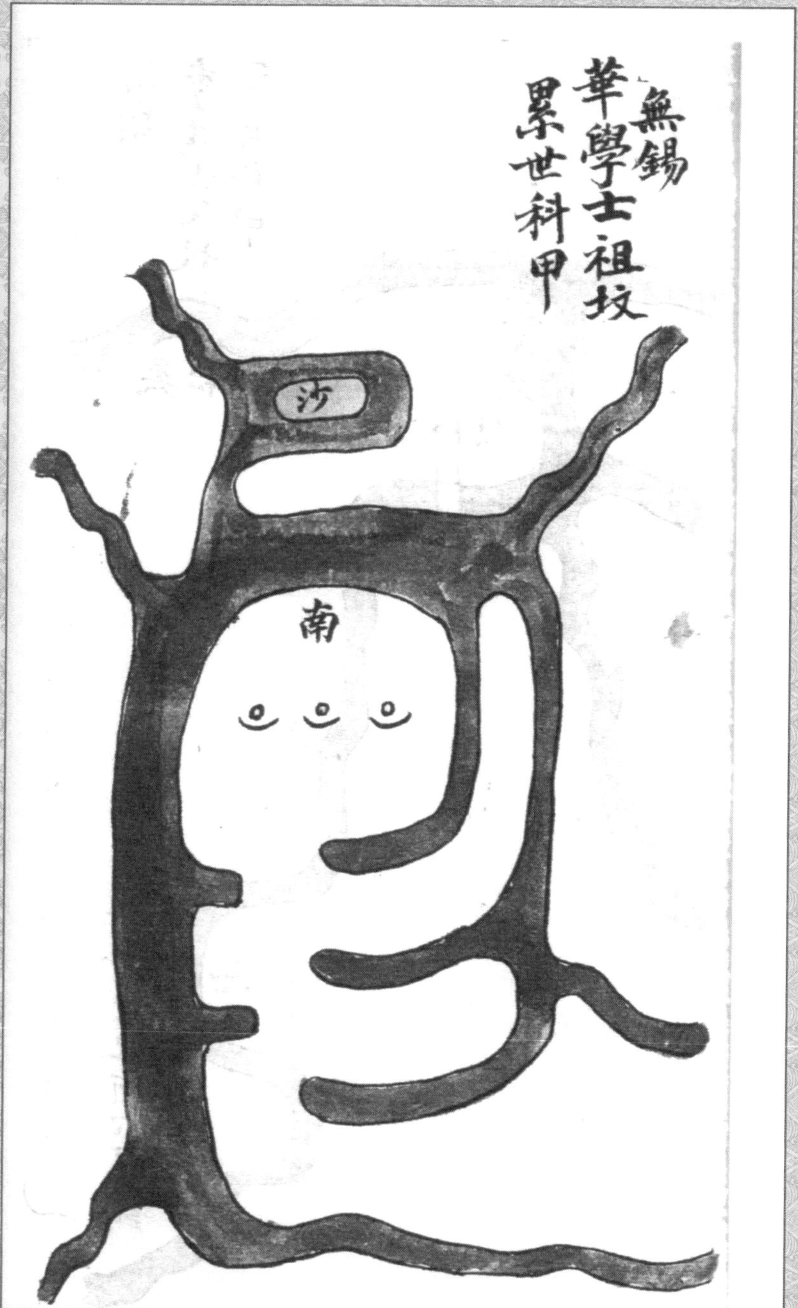
無錫
華學士祖坟
累世科甲
沙
南

無錫安宅祖坟

累世科甲

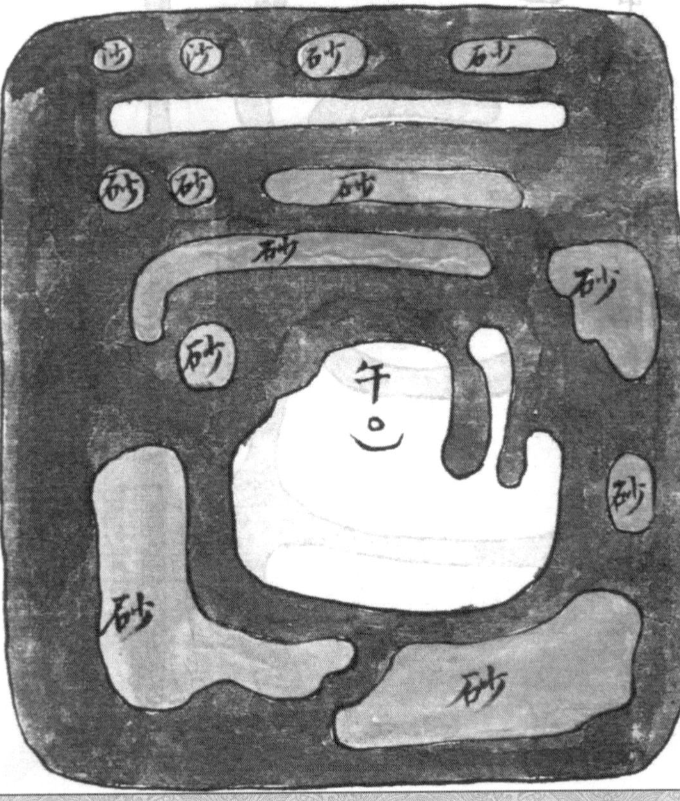

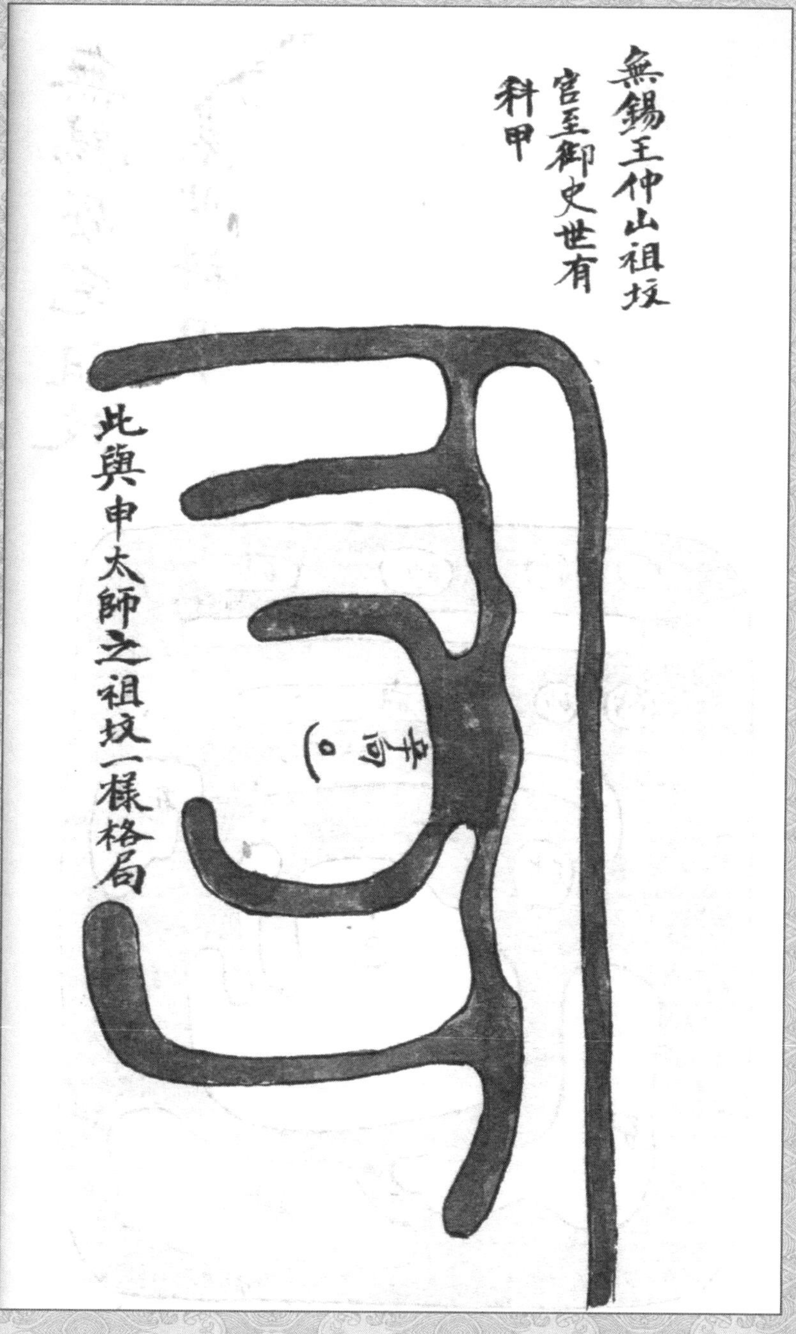
無錫王仲山祖坟
宮至御史世有
科甲
此與申太師之祖坟一樣格局

無錫
張侍御祖坟
三世科甲
小房最盛

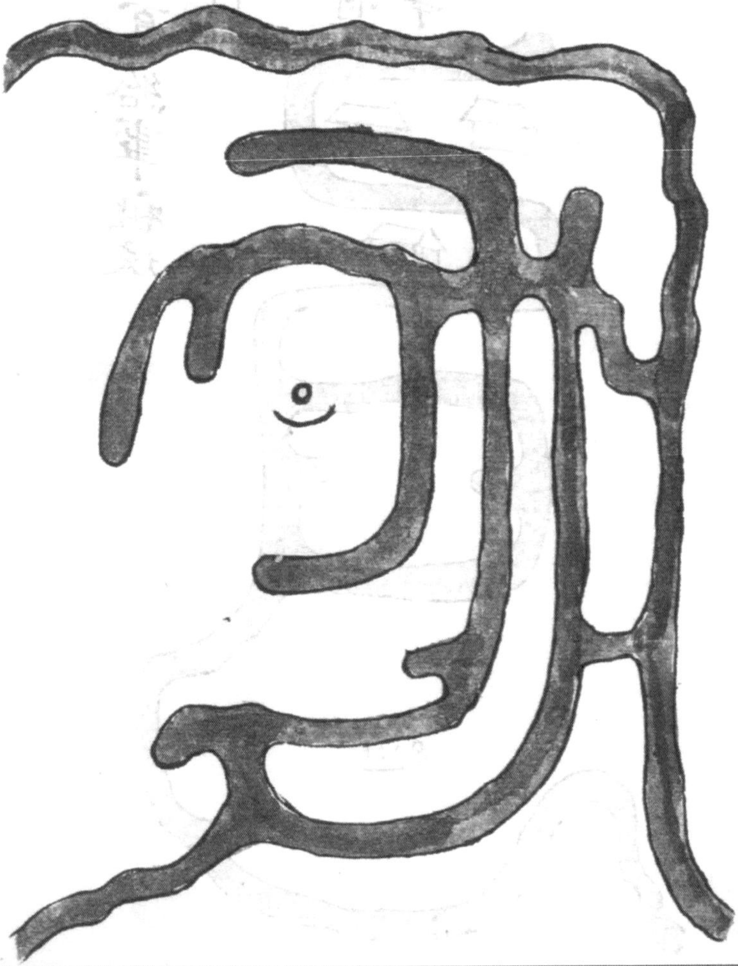

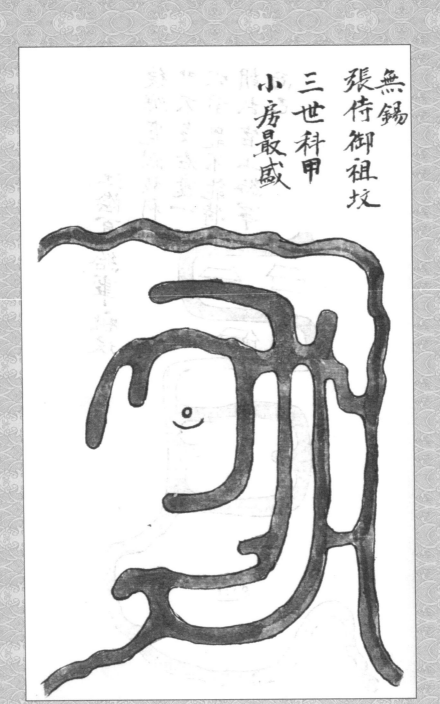

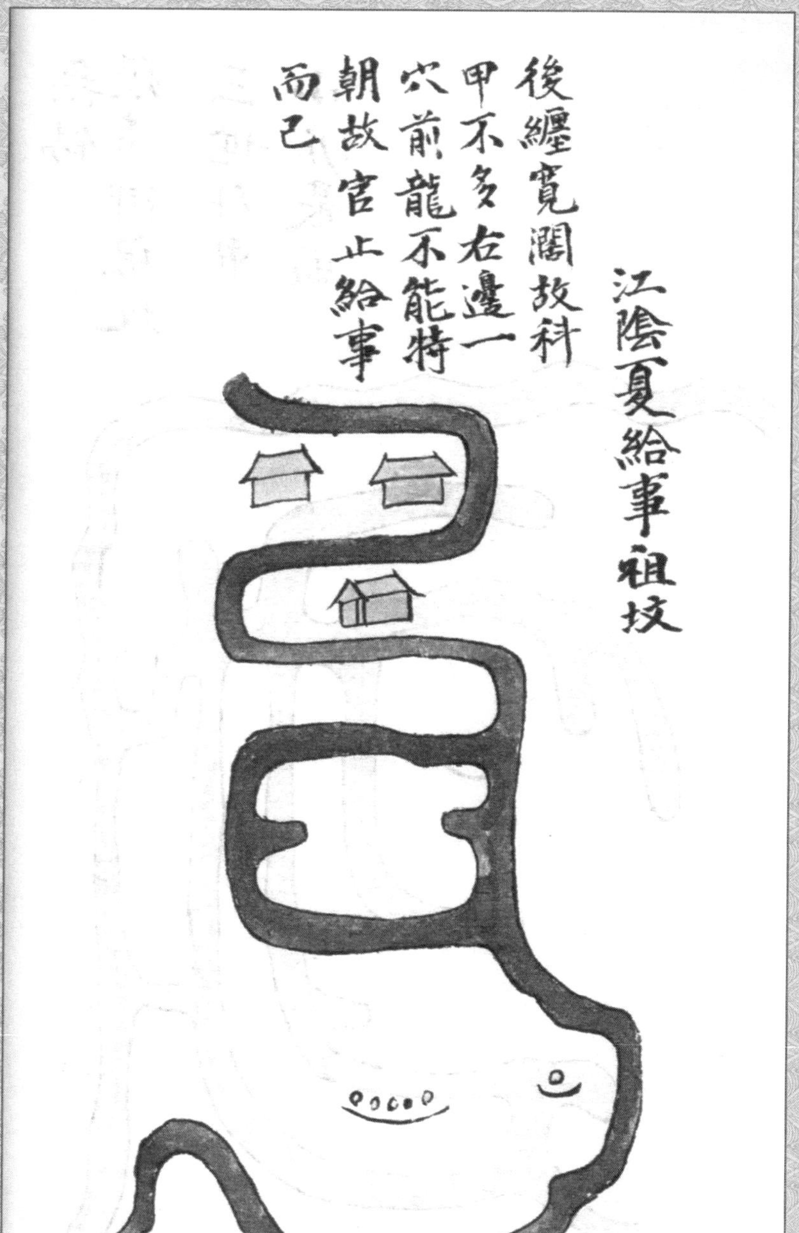
江陰夏給事祖坟
後纏寬闊故科甲不多右邊一穴前龍不能特朝故官止給事而已

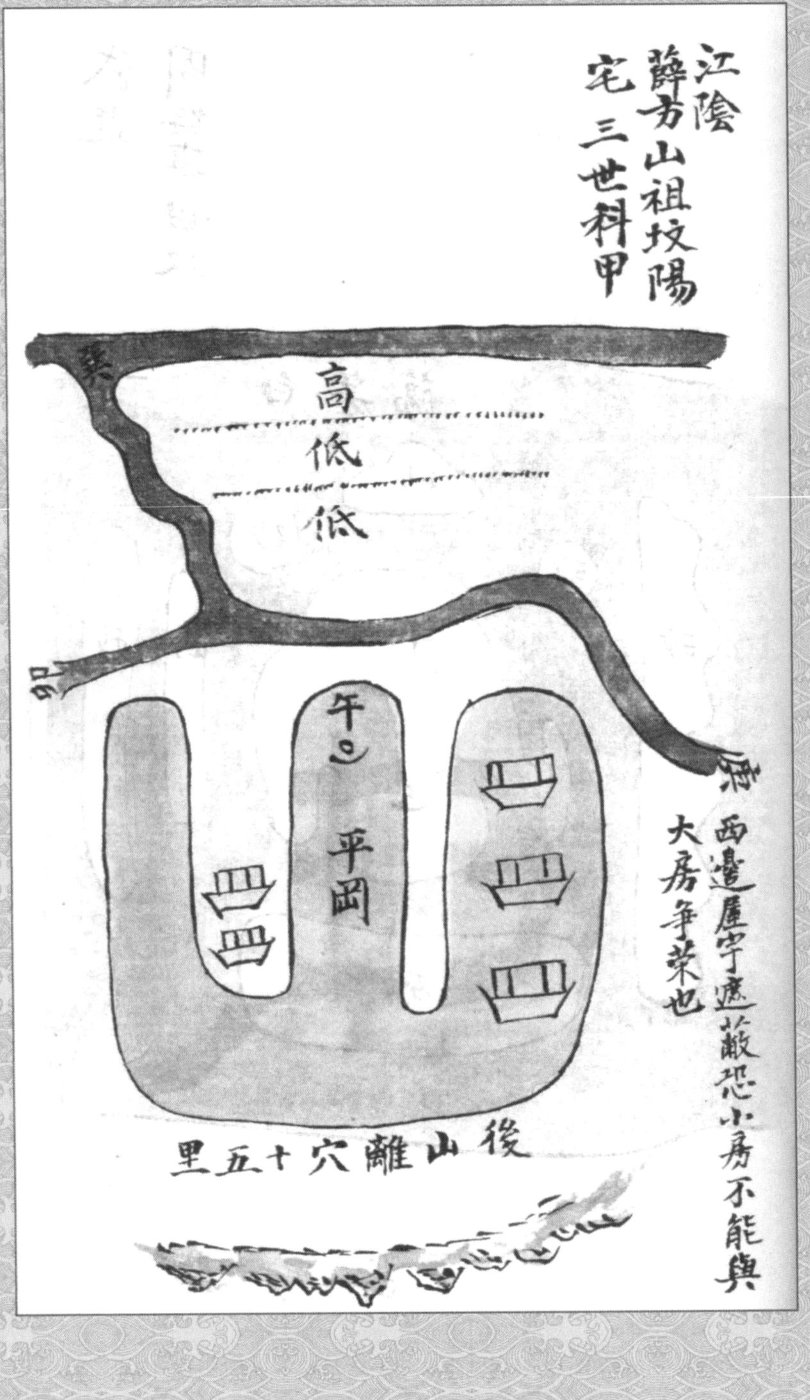
江陰
薛方山祖坟陽
宅三世科甲
巽
高
低
低
卯
午丁
平岡
庚
西邊屋宇遮蔽恐小房不能與
大房爭榮也
後山離穴十五里

武進
周給事祖坟

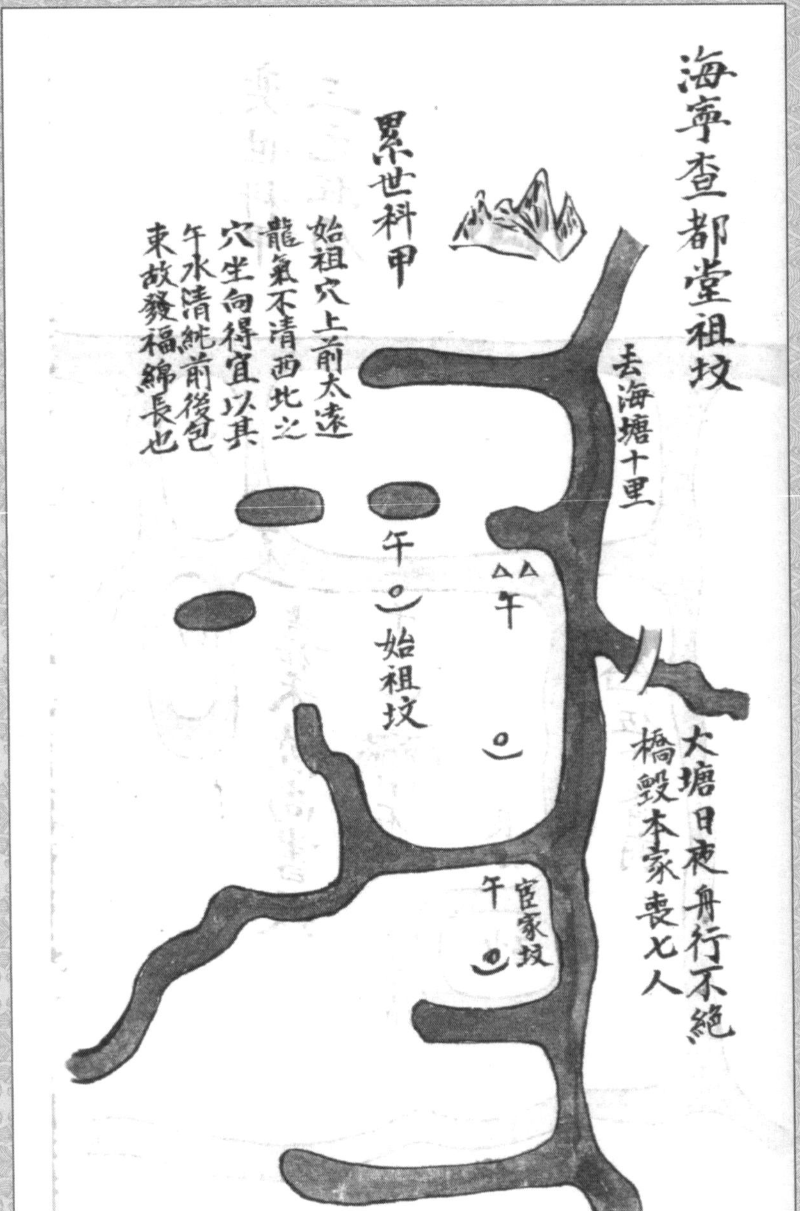
海寧查都堂祖坟
去海塘十里
大塘日夜舟行不絕
橋毀本家喪七人
累世科甲
始祖穴上前太遠龍氣不清西北之穴坐向得宜以其午水清純前後包東故發福綿長也
午
午
始祖坟
午
官家坟

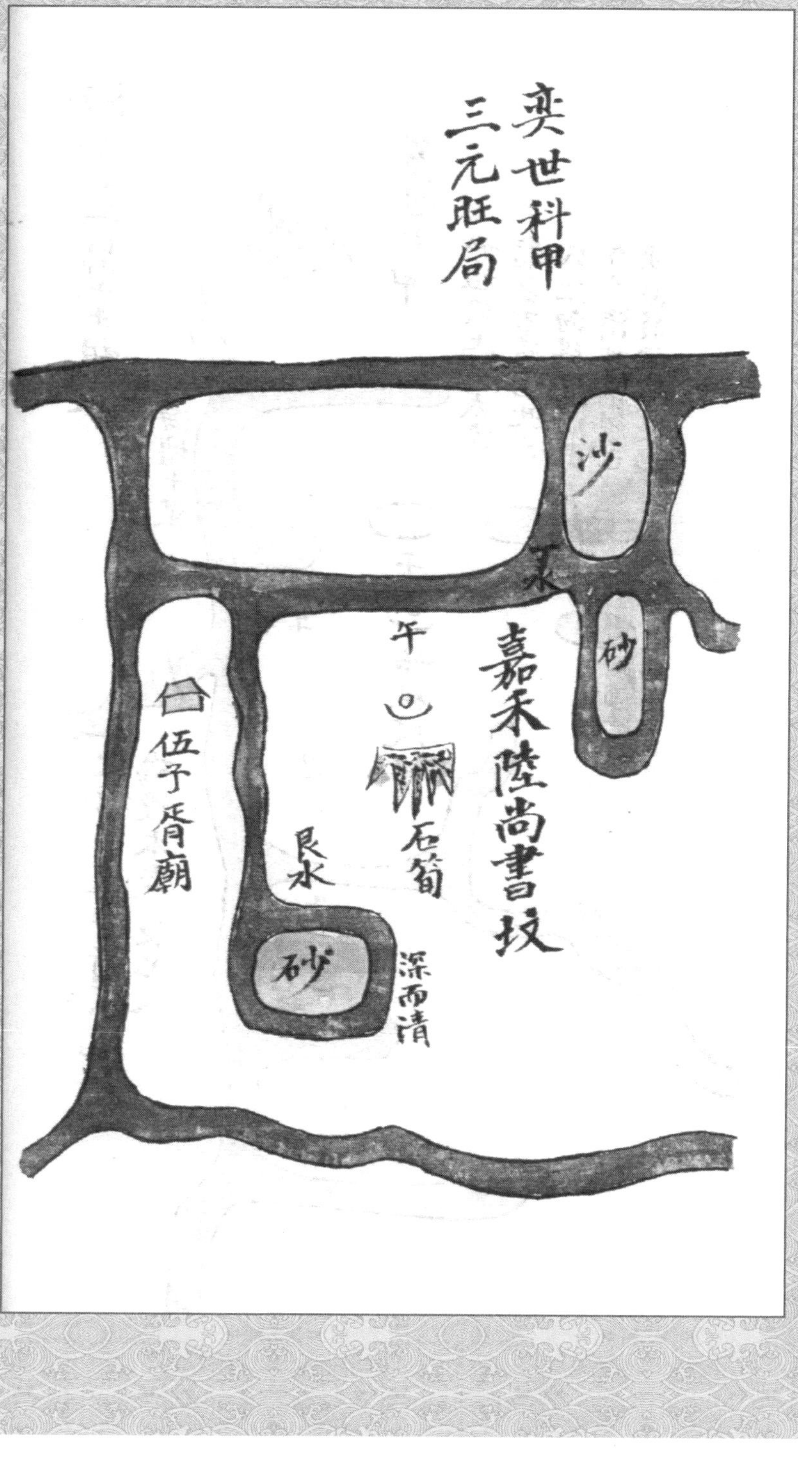
奕世科甲
三元旺局
沙
亥
砂
午
嘉禾陸尚書坟
伍子胥廟
石筍
艮水
砂
深而清

陸胥涇坟

地在陽店陸氏大家

世代科甲

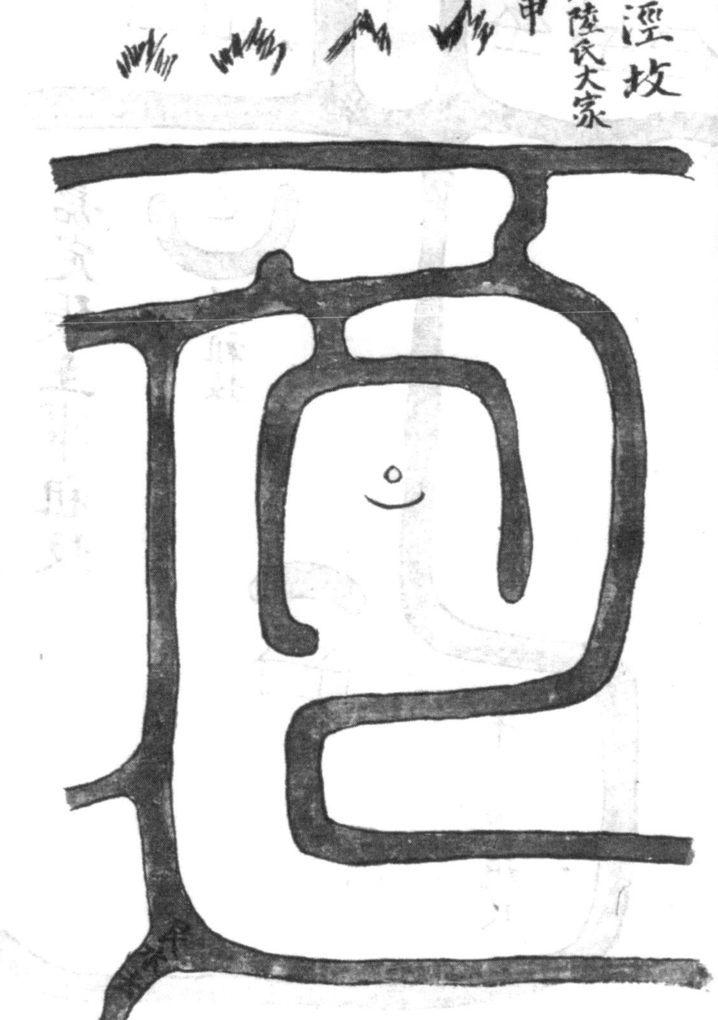

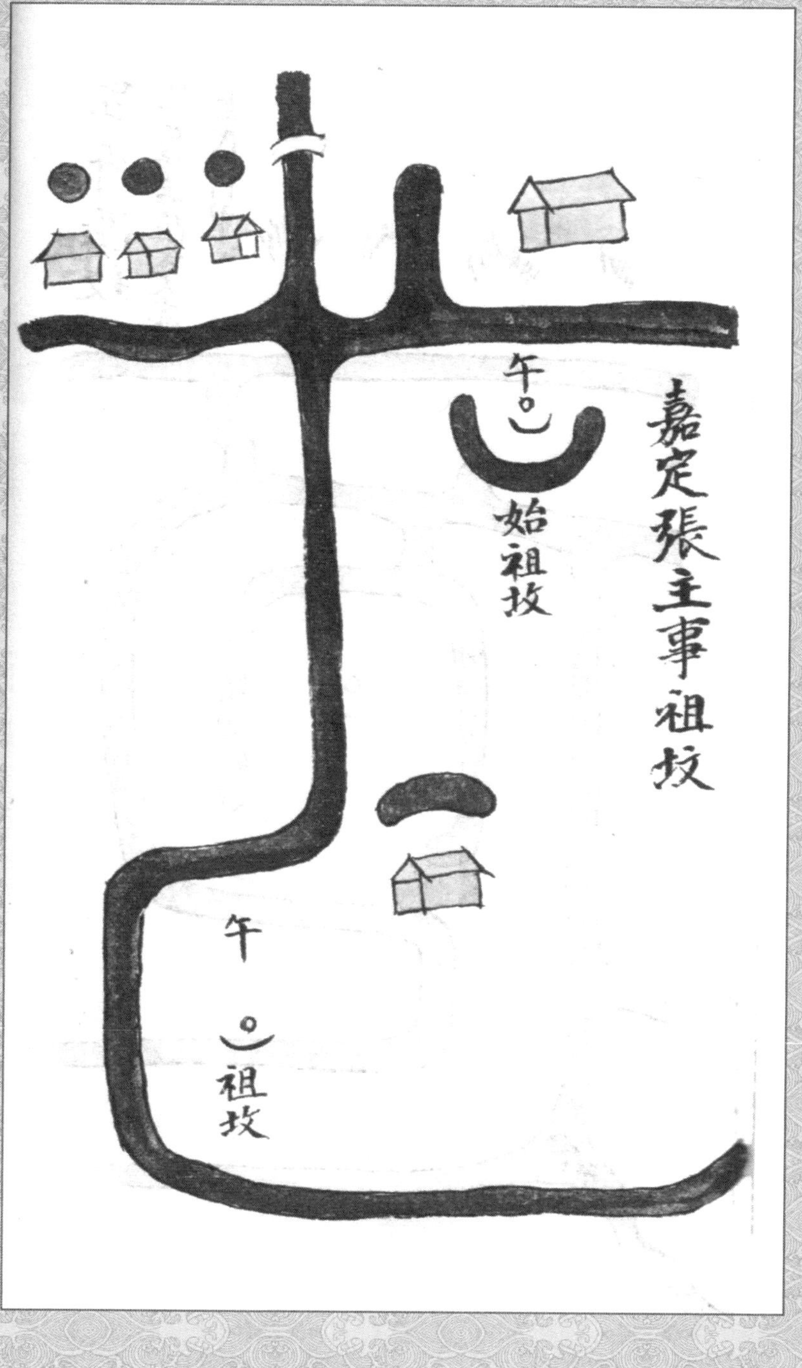
午
始祖坟
嘉定張主事祖坟
午
祖坟

平湖陸東湖祖坟
東湖諱炳錦衣衛都
指揮司太保左都督
謚武惠子孫世有科甲

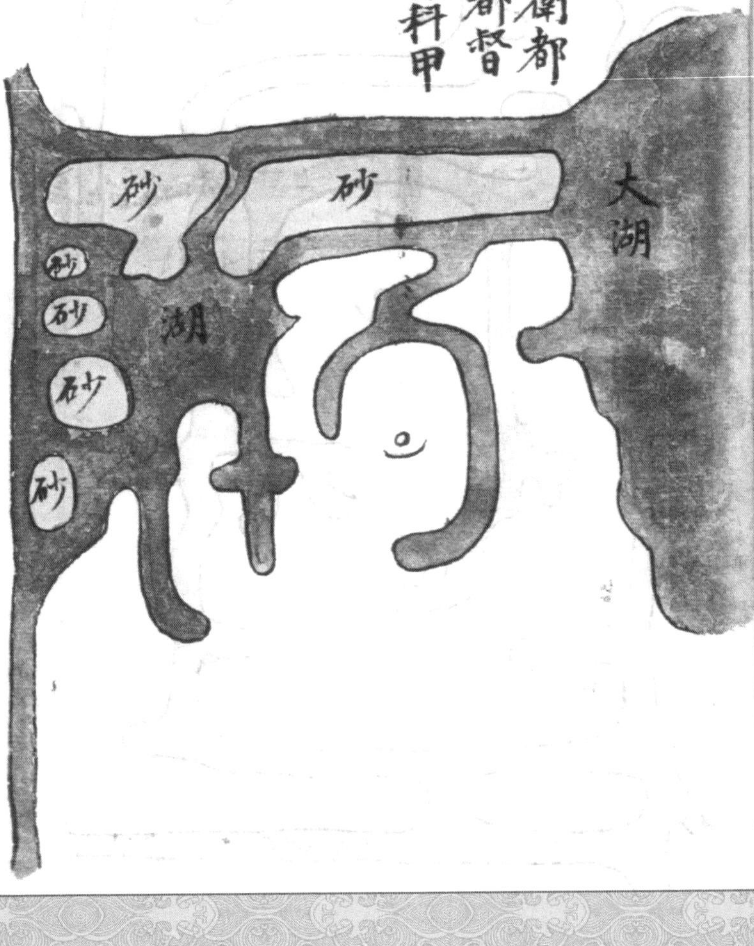

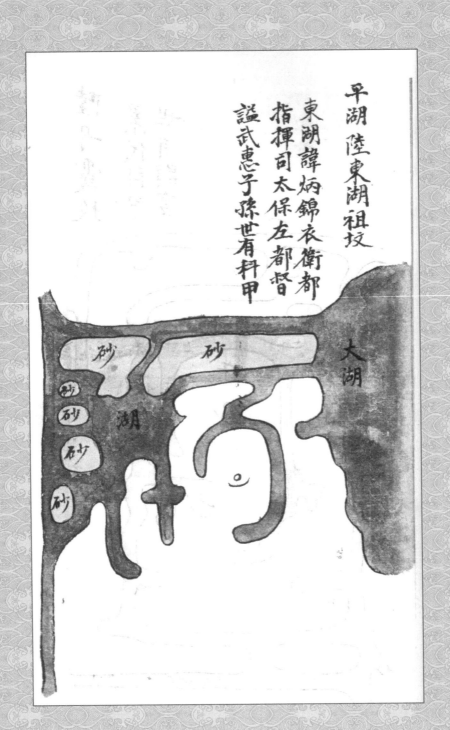

陸丹霞坟

累代科甲
世有顯官

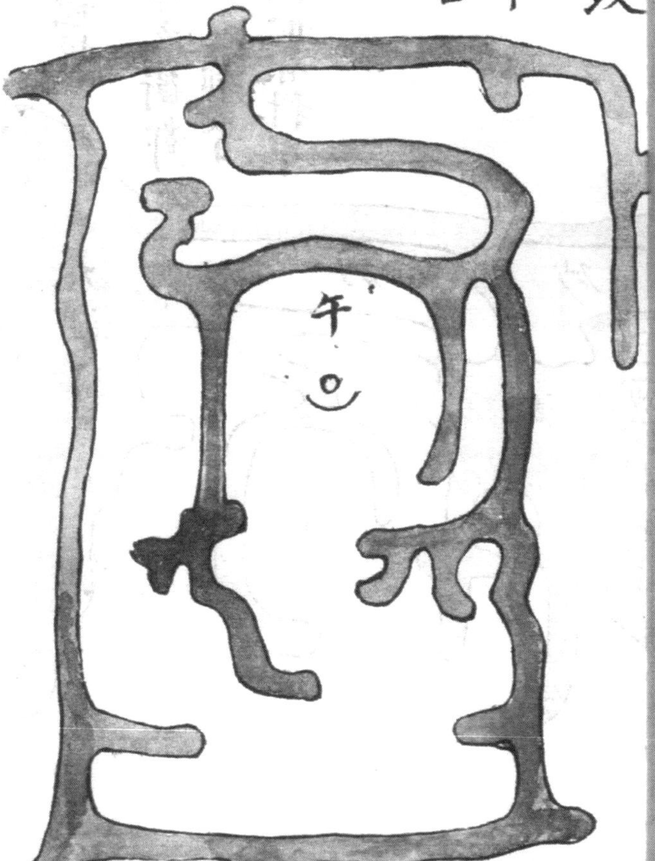

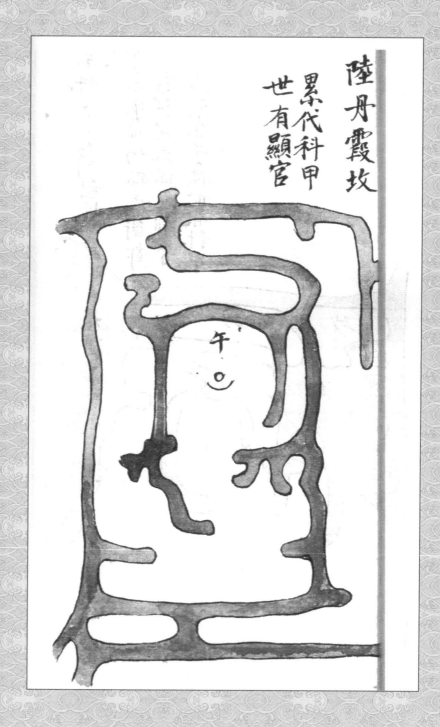

平湖
陸五臺祖坟
世進士

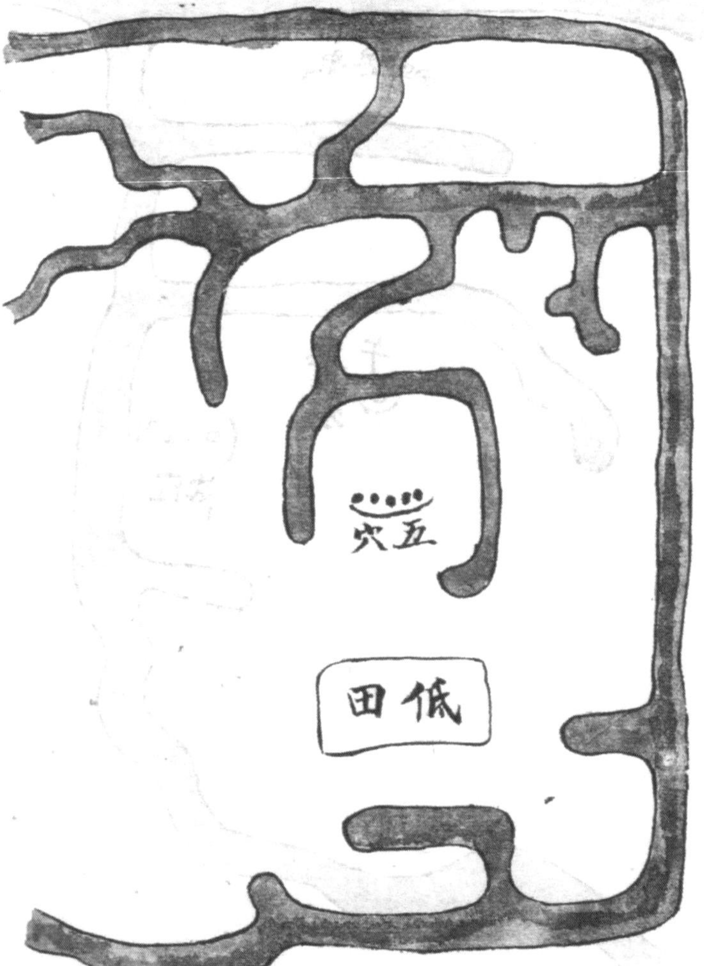

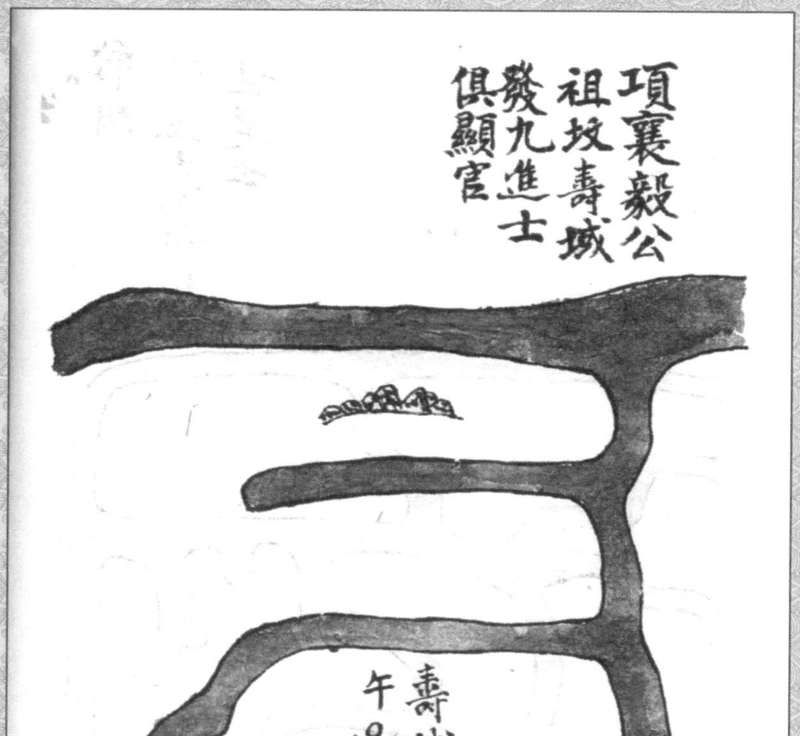
項襄毅公
祖坟壽域
發九進士
俱顯宦
壽域
午
酉
祖坟

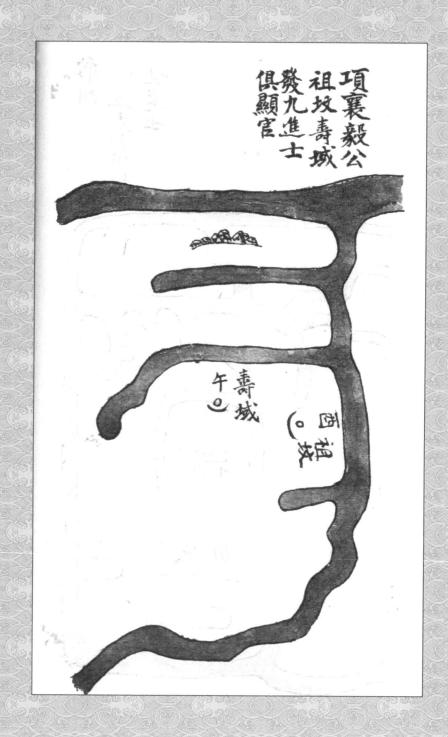

嘉興府
屠尚書
祖坟

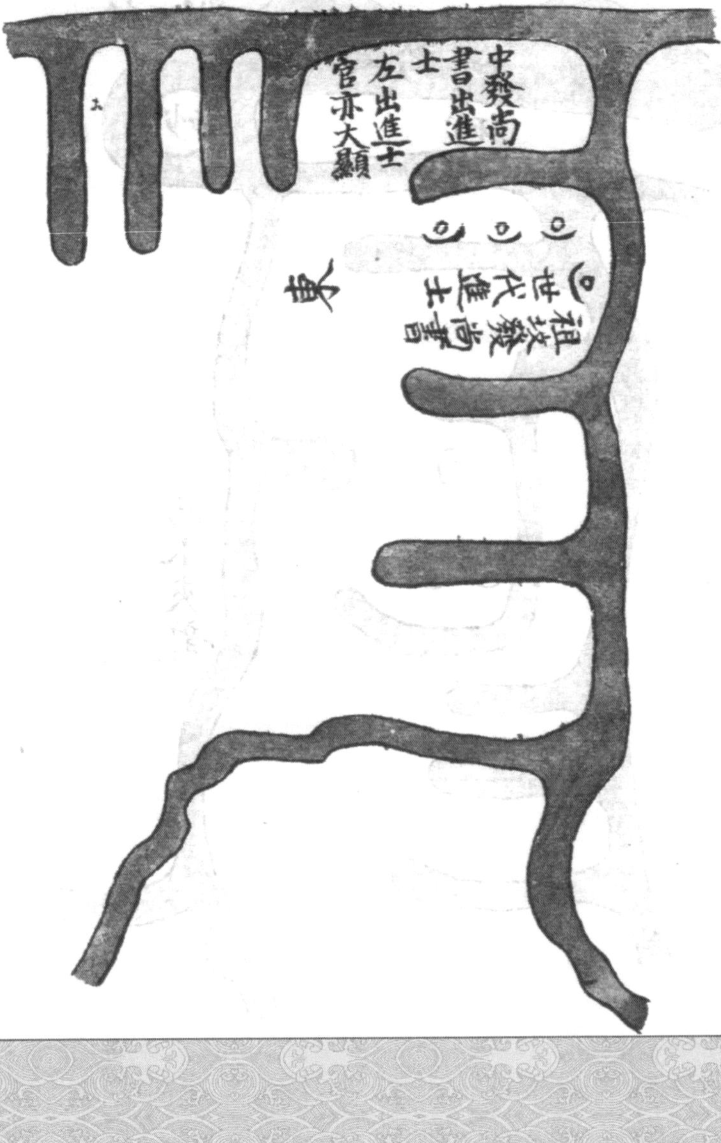
中發尚書出進士
左出進士官亦大顯
祖坟發尚書
四世代進士
東

馮會元祖坟在嘉興府西門驛後

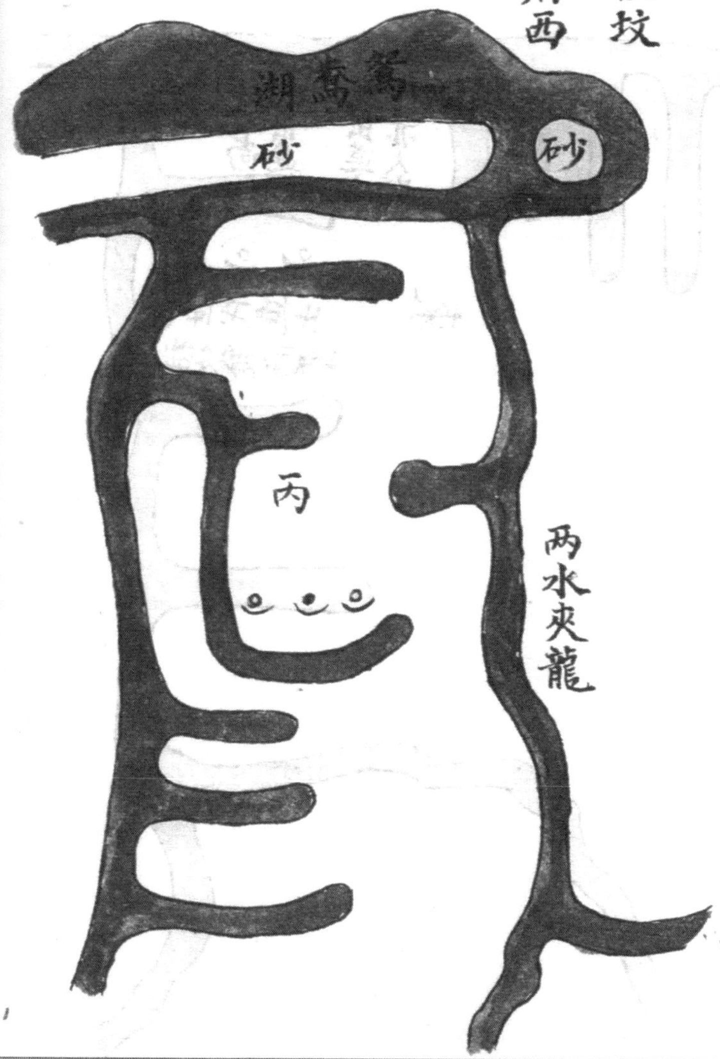

平湖張春宇祖坟地名蕩裏官至左藩

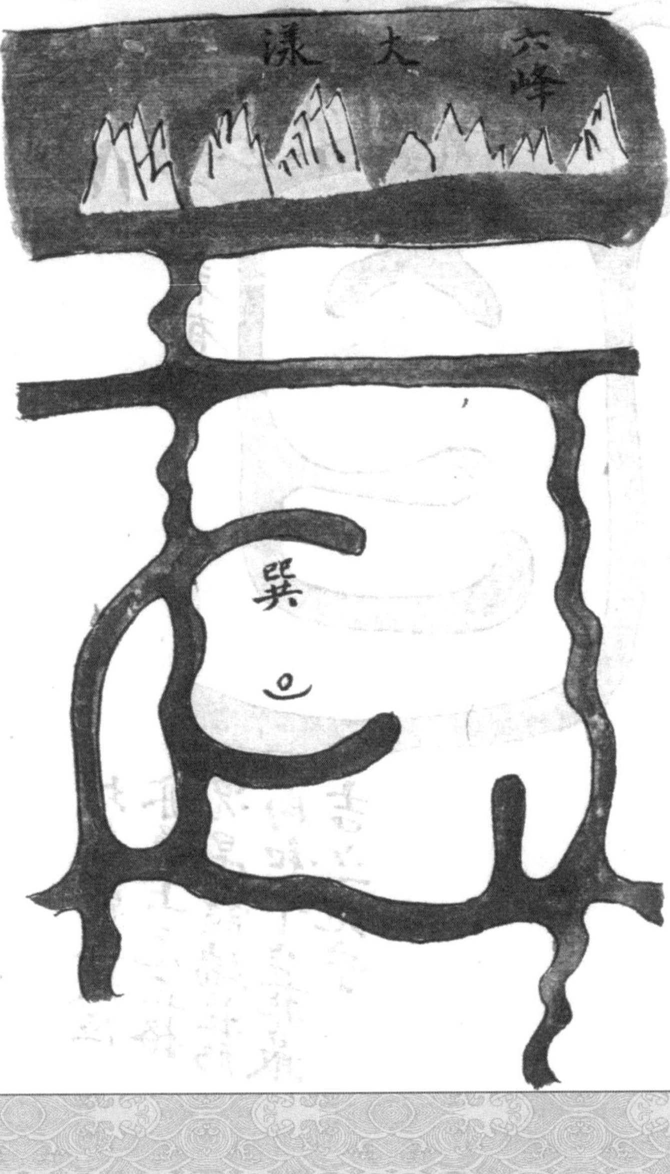

嘉善
戚兵憲
祖坟
累世科甲
午
收束有力
坤龍轉入坎位
亦屬上元正格
況星體端莊形
局和平豈非最
吉之地乎

嚴尚書祖坟

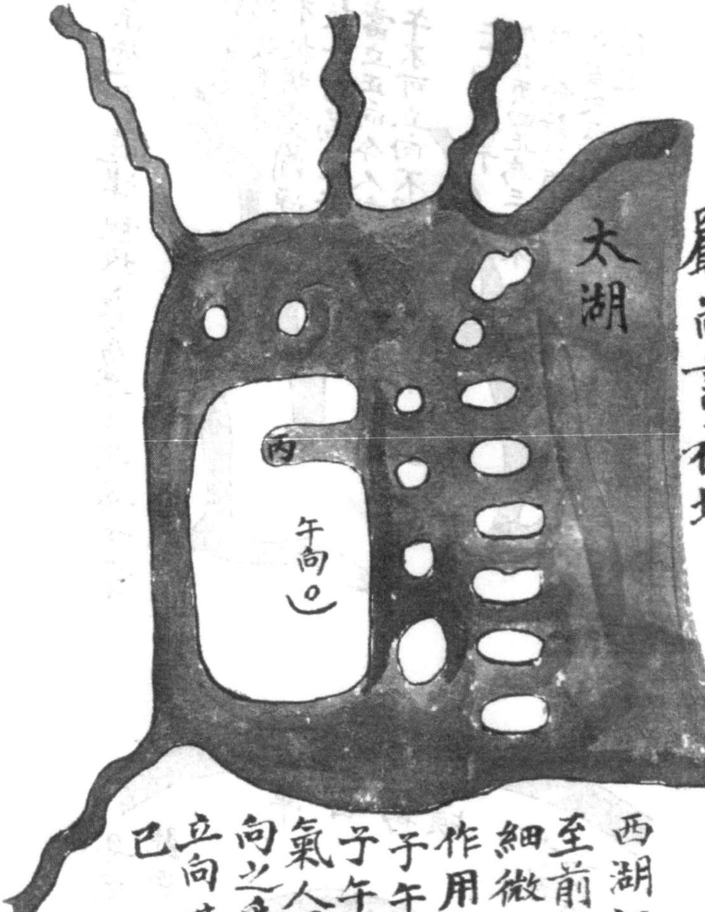

西湖汪洋兊局已真至前後兜收惟東方細微正合楊公三元作用大貴之地也其子午立向尤為合法子午為天地中正之氣人得之以生獨不可向之乎今人不敢子午立向其小之乎自待也已

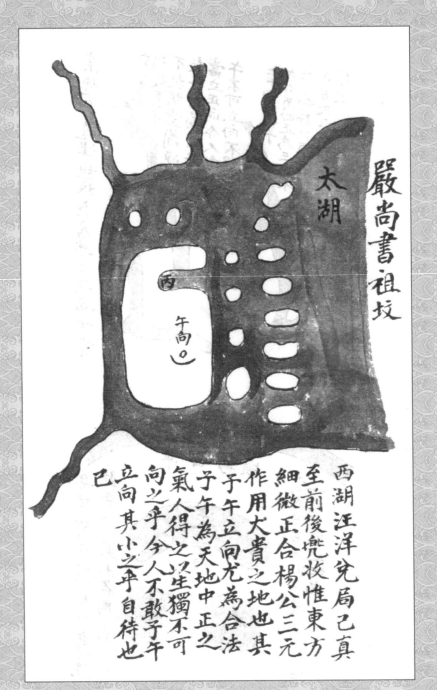

崇德余龍津祖塋長房平平次房世進士

束首濕洩故長房不振明堂圖淨故二房局居子午必當立正向令人動云子午不可立向不解何意

二十四向惟子午卯酉四正為三元不敗之向餘俱有興廢時人不得河洛正旨故云然耳不可信也

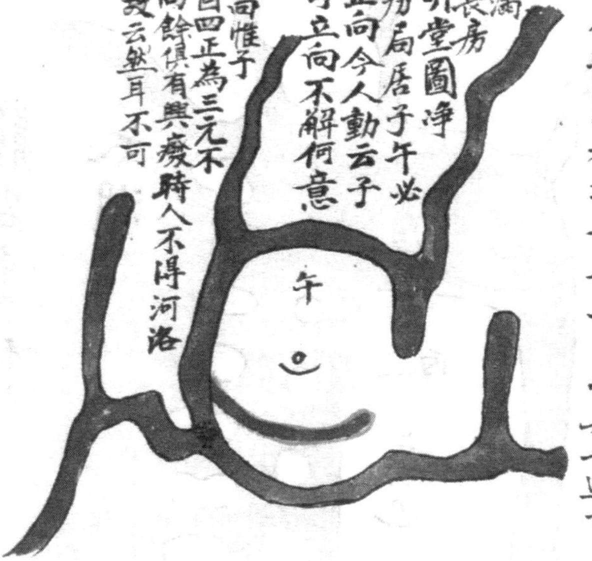

丹陽賀廉罴祖塋在丹陽縣南八十里土名馬墓

前面左右三湖巨浸奕世科甲三元不敗之地也

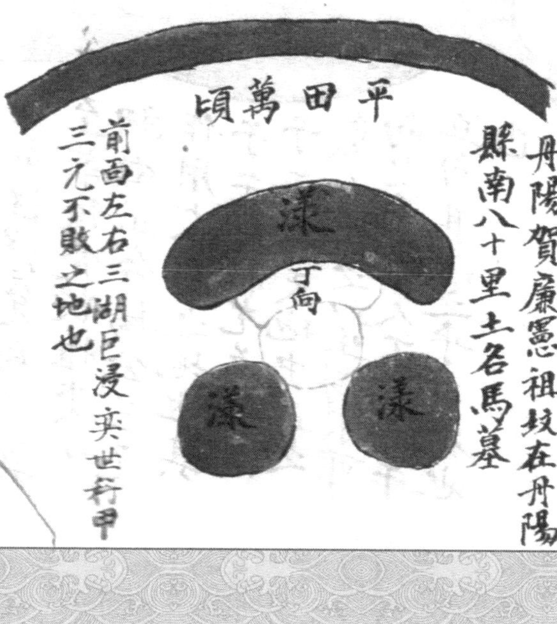

呂通政祖坟

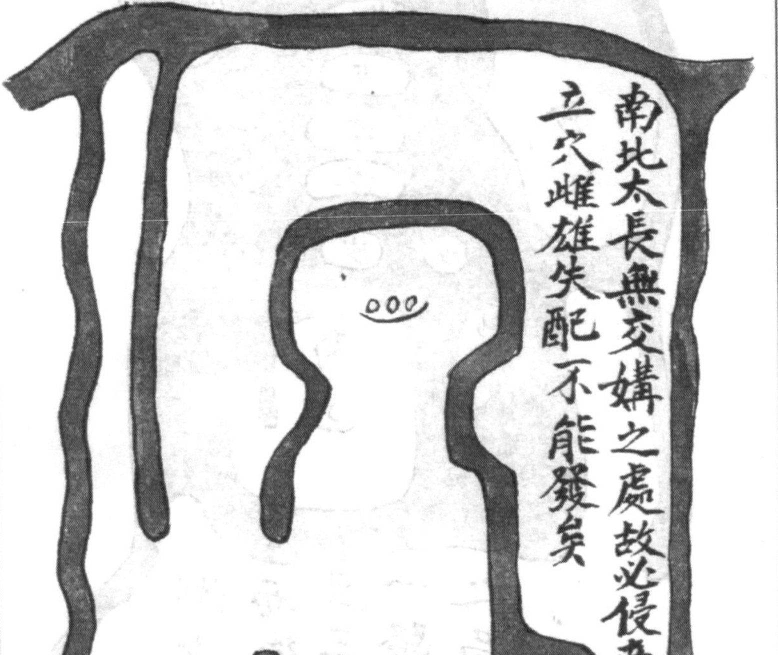
南北太長無交媾之處故必侵南立穴若侵北

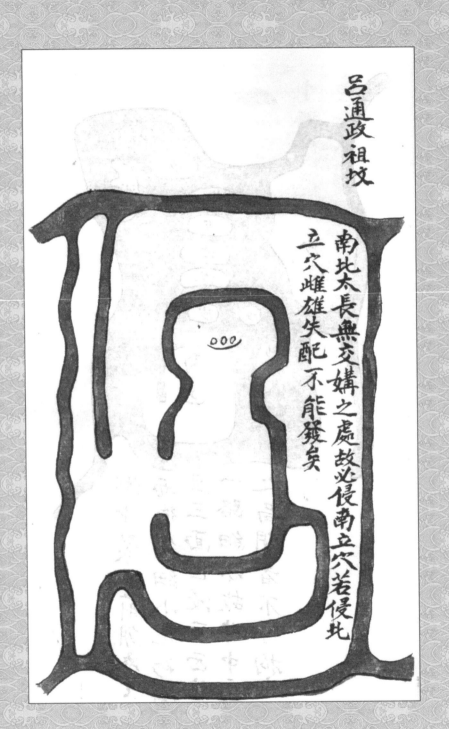

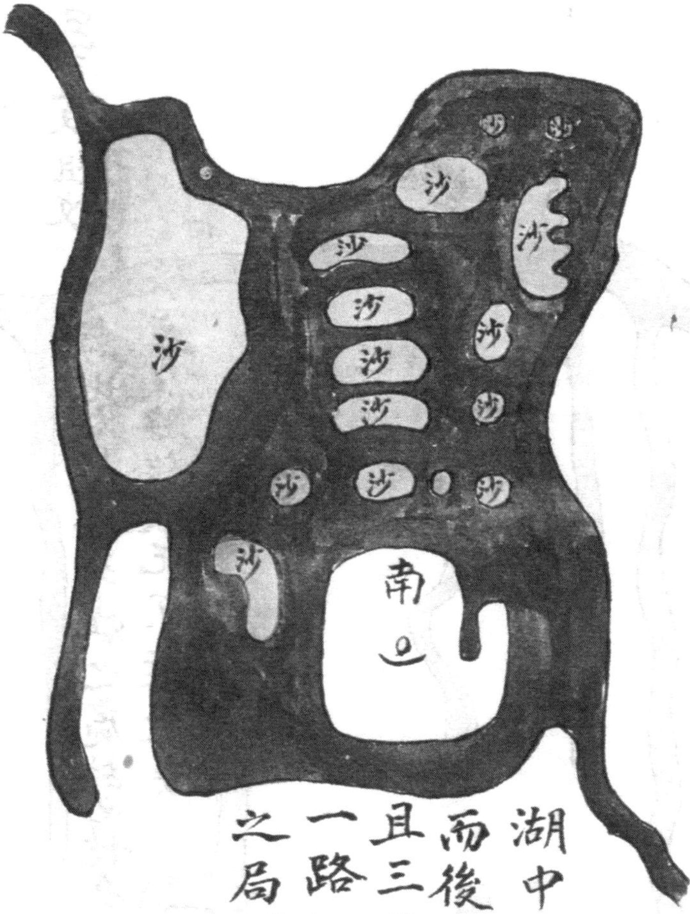

湖中聚沙前朝疊疊而後坐細小尤為法且三西巨浸而西北一路細小故非中元之局閱者不可拘也

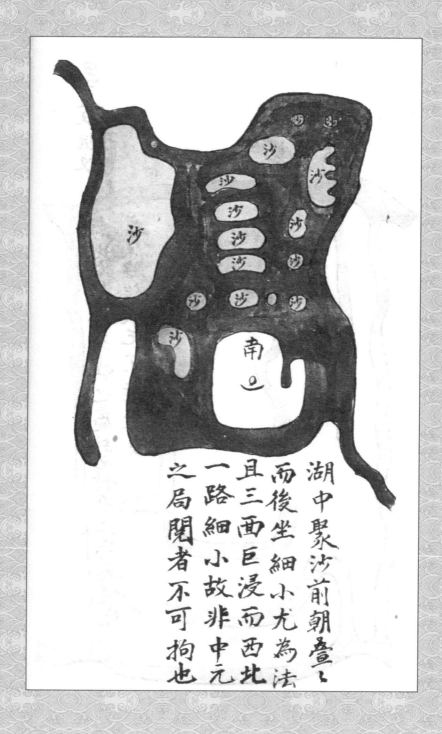

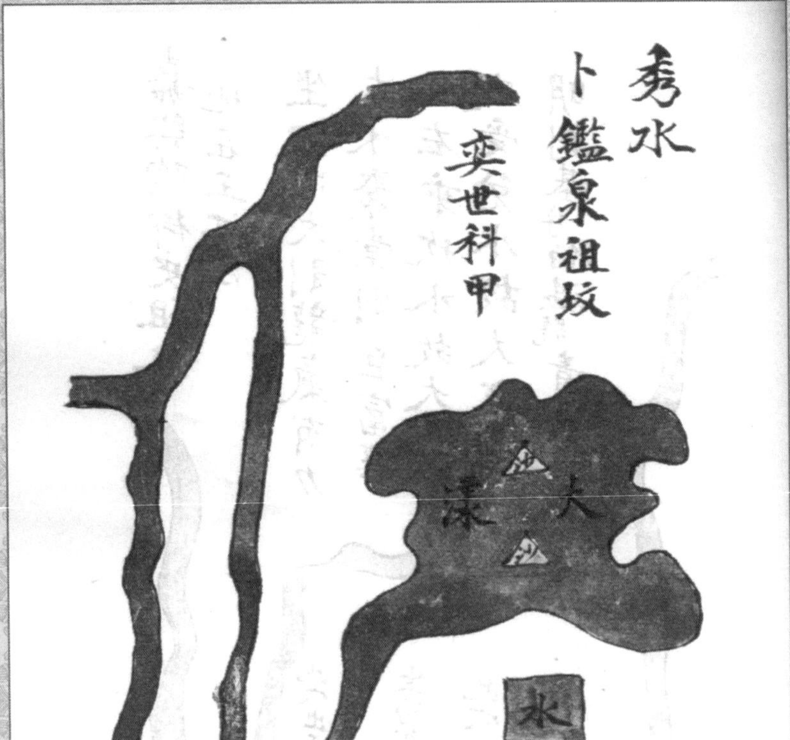
秀水
卜鑑泉祖坟
奕世科甲
大湶
水
午
午水前朝
坎水後抱
小大相親
真大地也

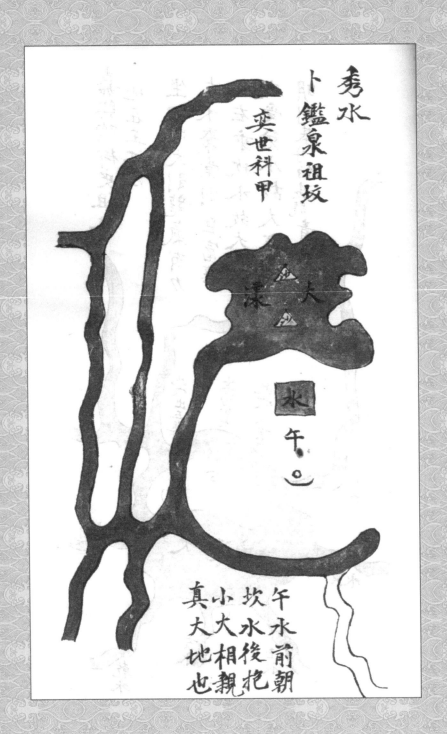

嘉興陶御史祖坟
地在王江涇
坐下沙大則龍氣有力
大水聚堂則巨富悠
久右乘坎水故大貴左
穴受兌水故大富
明劉基字伯温號青田杵

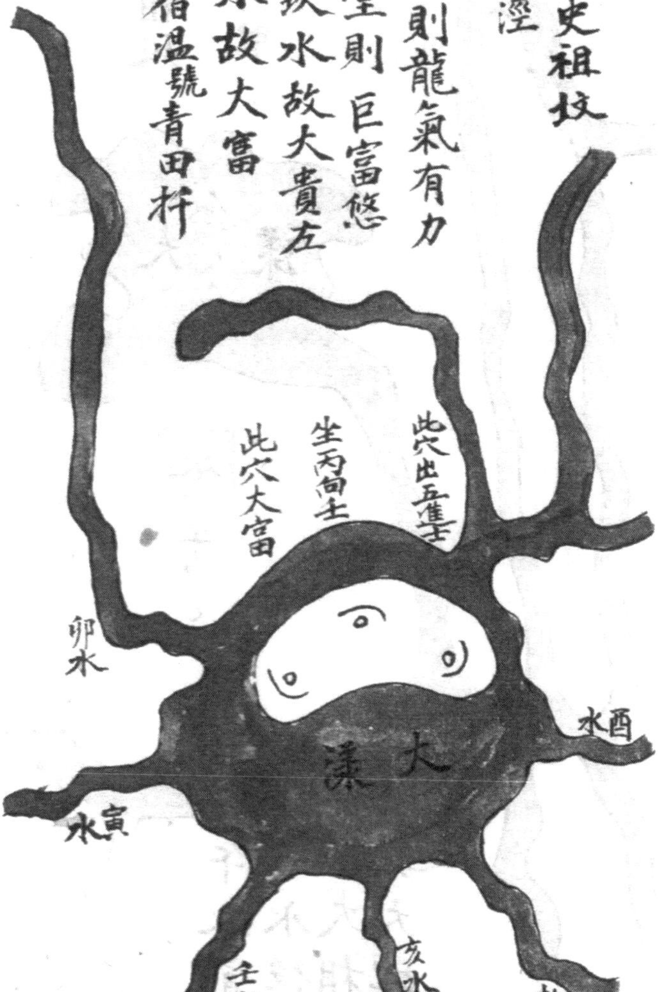

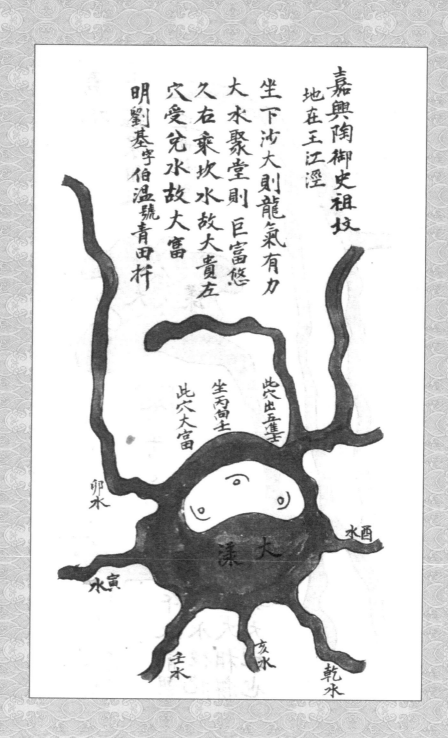

平湖
沈晴峯祖坟
累世科甲

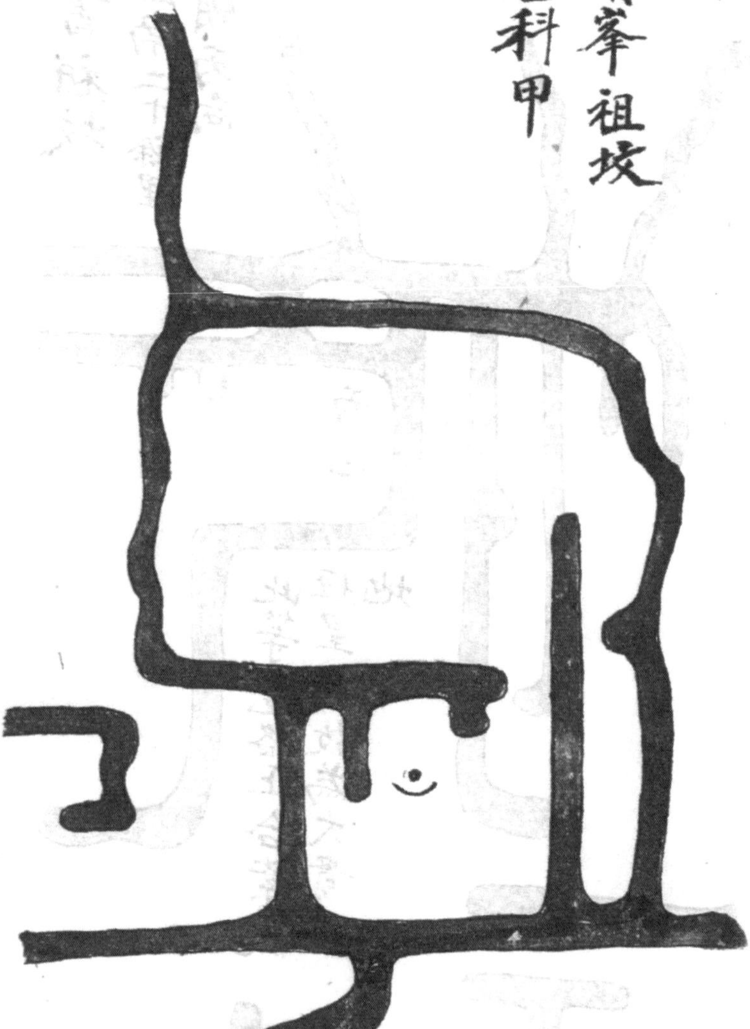

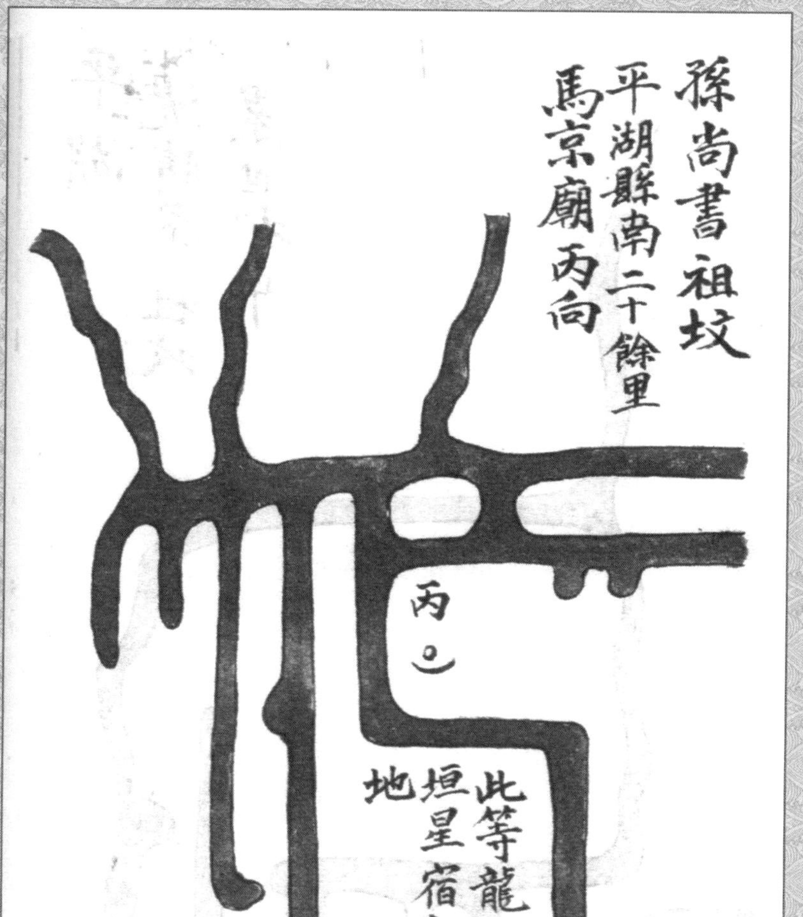
孫尚書祖坟
平湖縣南二十餘里
馬京廟丙向
丙
此等龍格正合紫薇
垣星宿故為大貴之
地

平湖

馬呋臺祖坟

累世科甲

局正而清龍蹻而秀發貴之地第乾水流通而福力稍減也

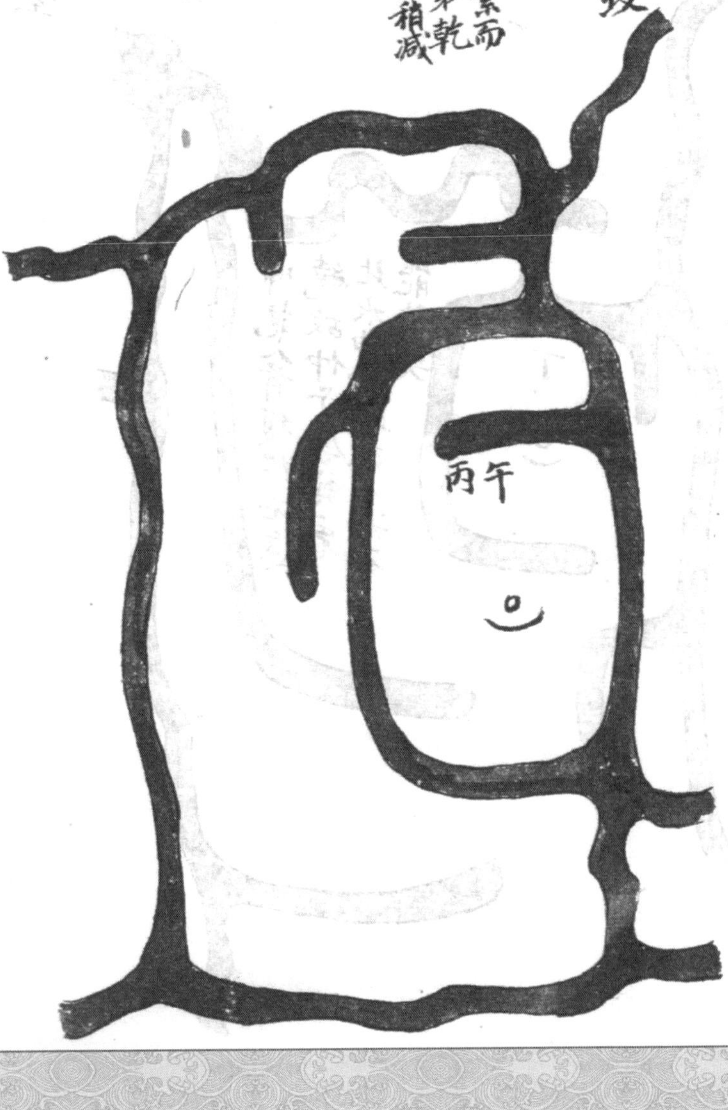

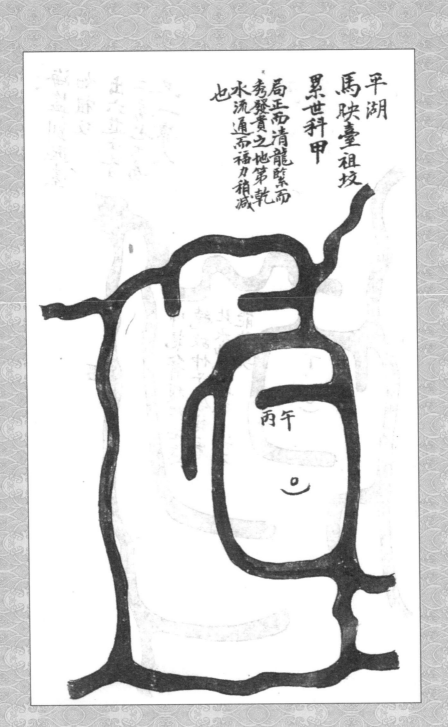

海塩劉熙臺始祖坟
出六進士皆二房也大房只一舉人

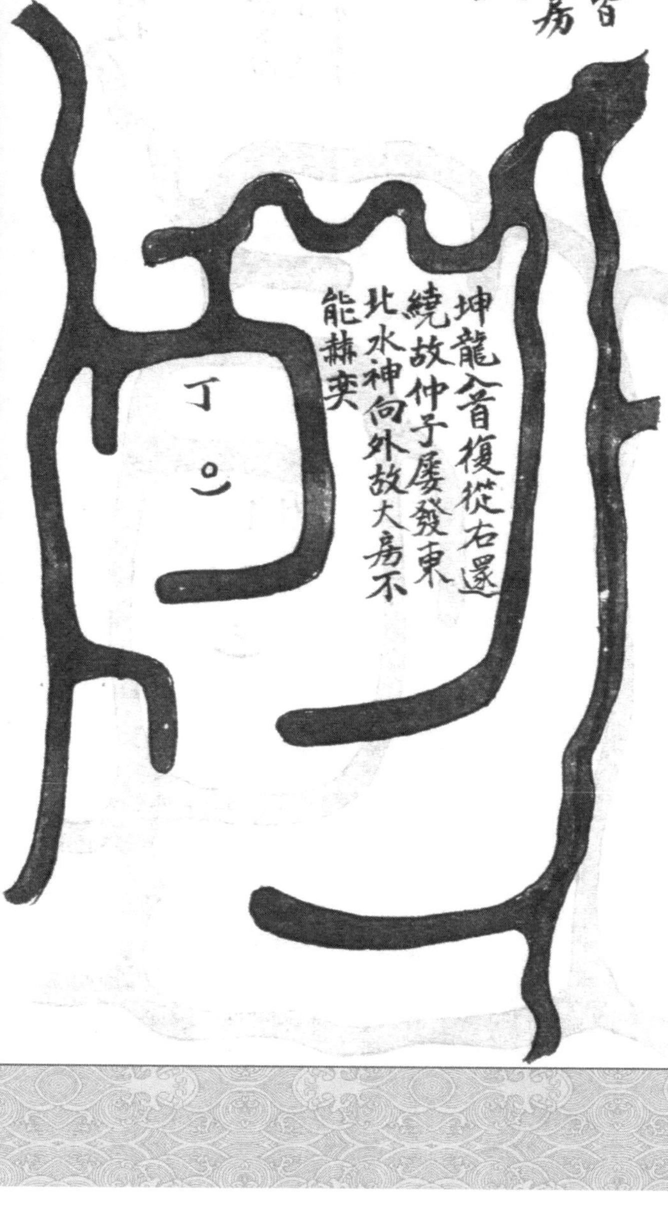
坤龍入首復從右還
繞故仲子屢發東
北水神向外故大房不
能赫奕
丁

南潯董尚書祖坟

奕世科甲

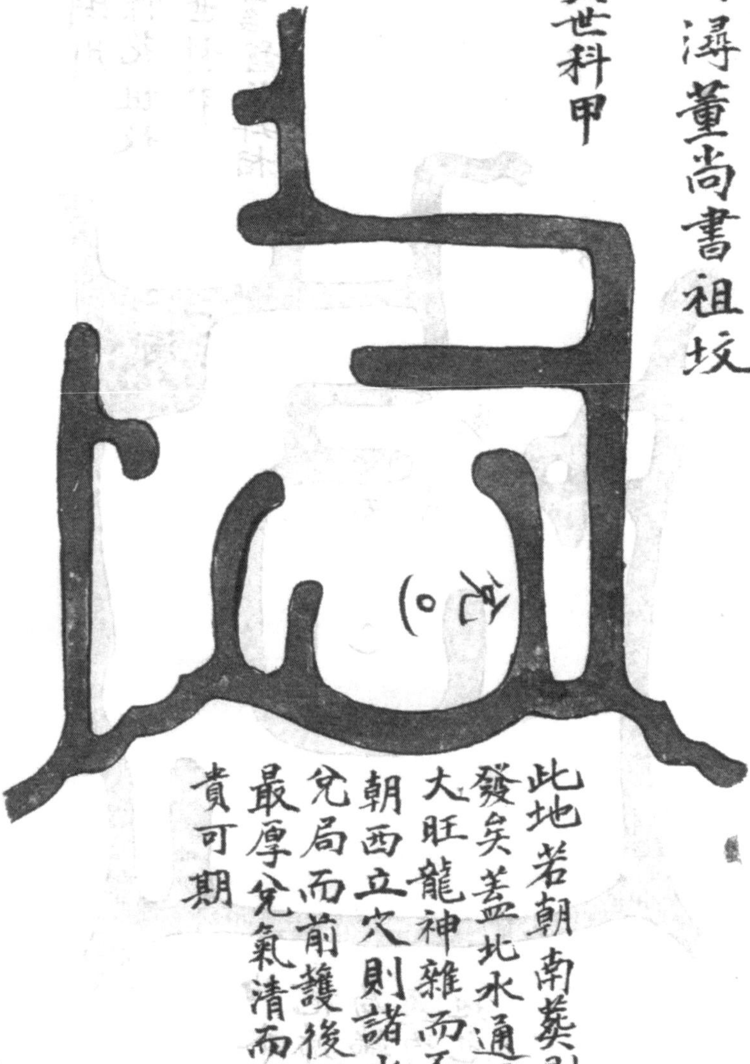

此地若朝南葬則不能發矣蓋北水通流坎氣大旺龍神雜而不清惟朝西立穴則諸水皆為兌局而前護後纏神力最厚兌氣清而上元大貴可期

湖州
温探花祖坟
奕世科甲
温公名體仁拜相

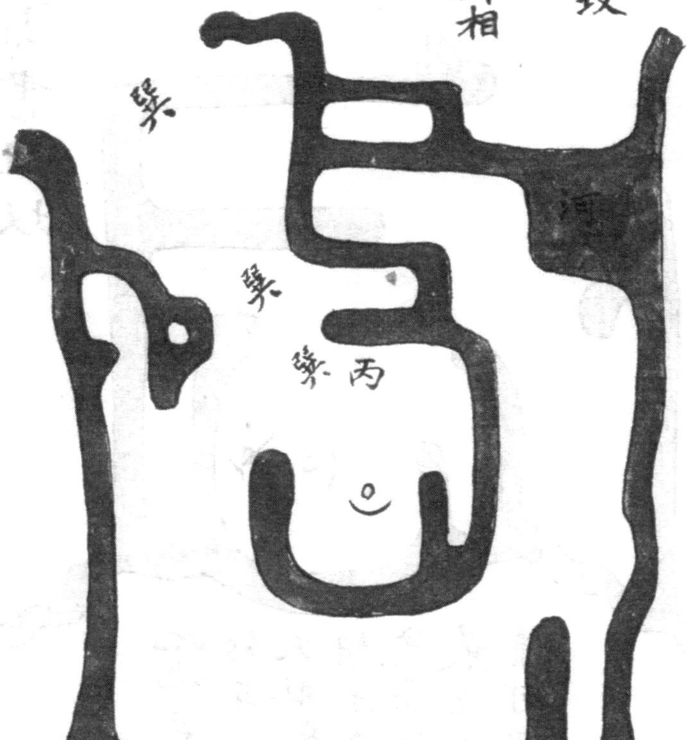

曲水来朝又
抱歸穴後堂
局端平坐向
適均大貴之
地也

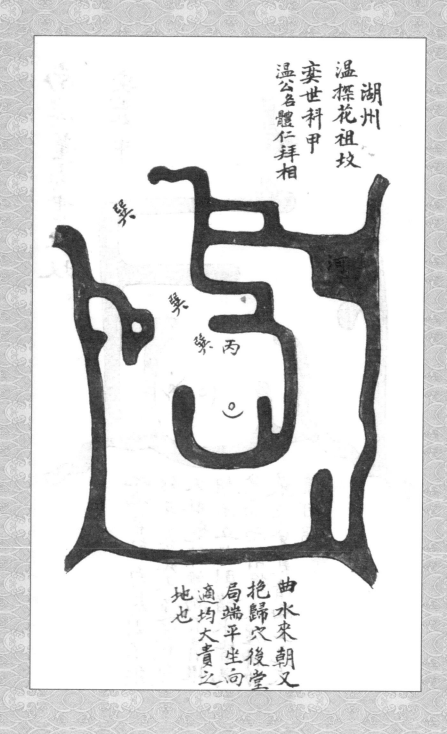

德清沈元澤祖坟

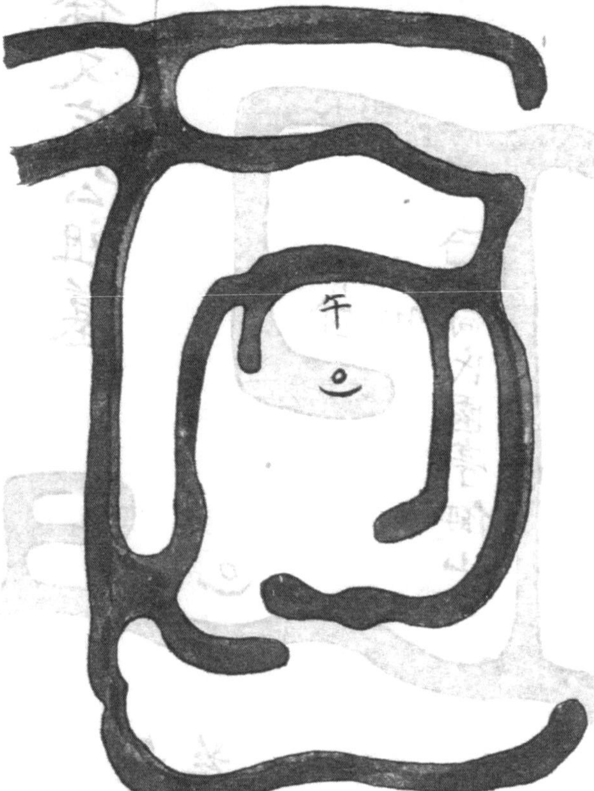

坤龍自西纏繞艮龍從北環抱亦大地也其前案之秀異午向之中正最為合格而右首包束端平故小房最盛

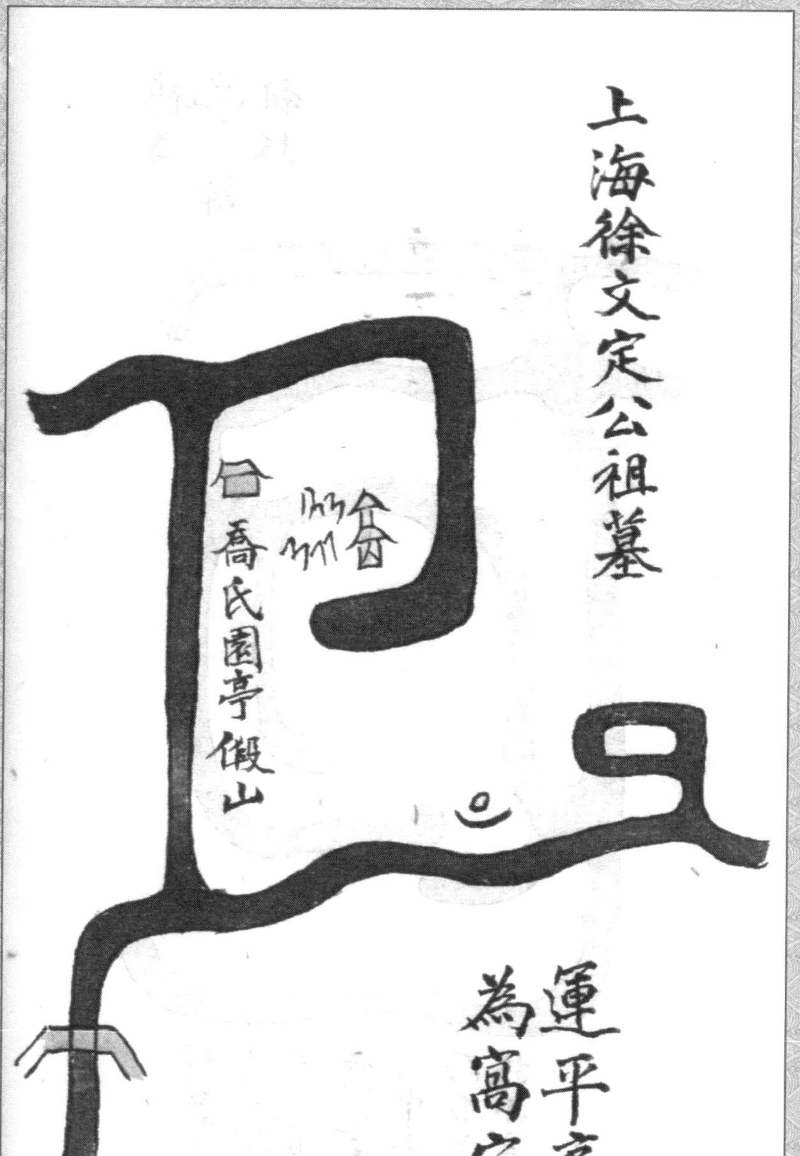
上海徐文定公祖墓
喬氏園亭假山
運平高巷
為窩穴

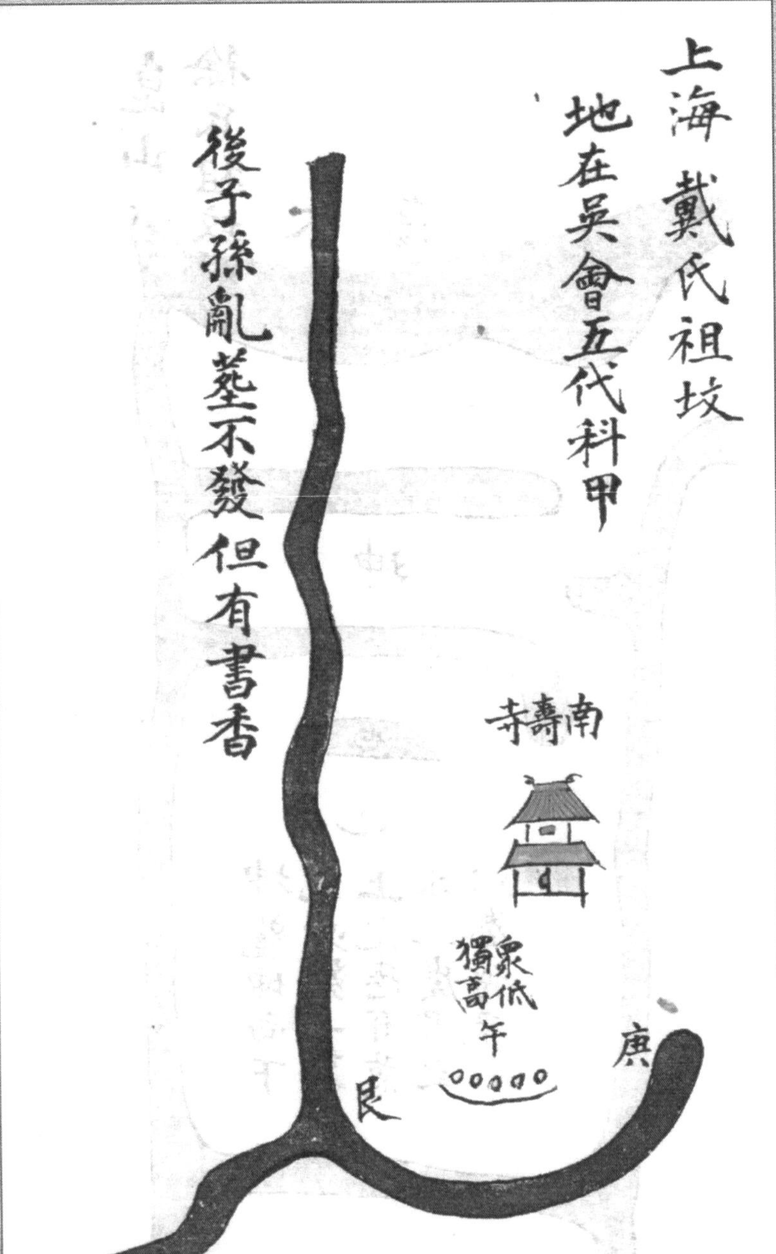
上海戴氏祖坟
地在吴會五代科甲
後子孫亂葬不發但有書香
南壽寺
衆低
獨高
午
庚
艮

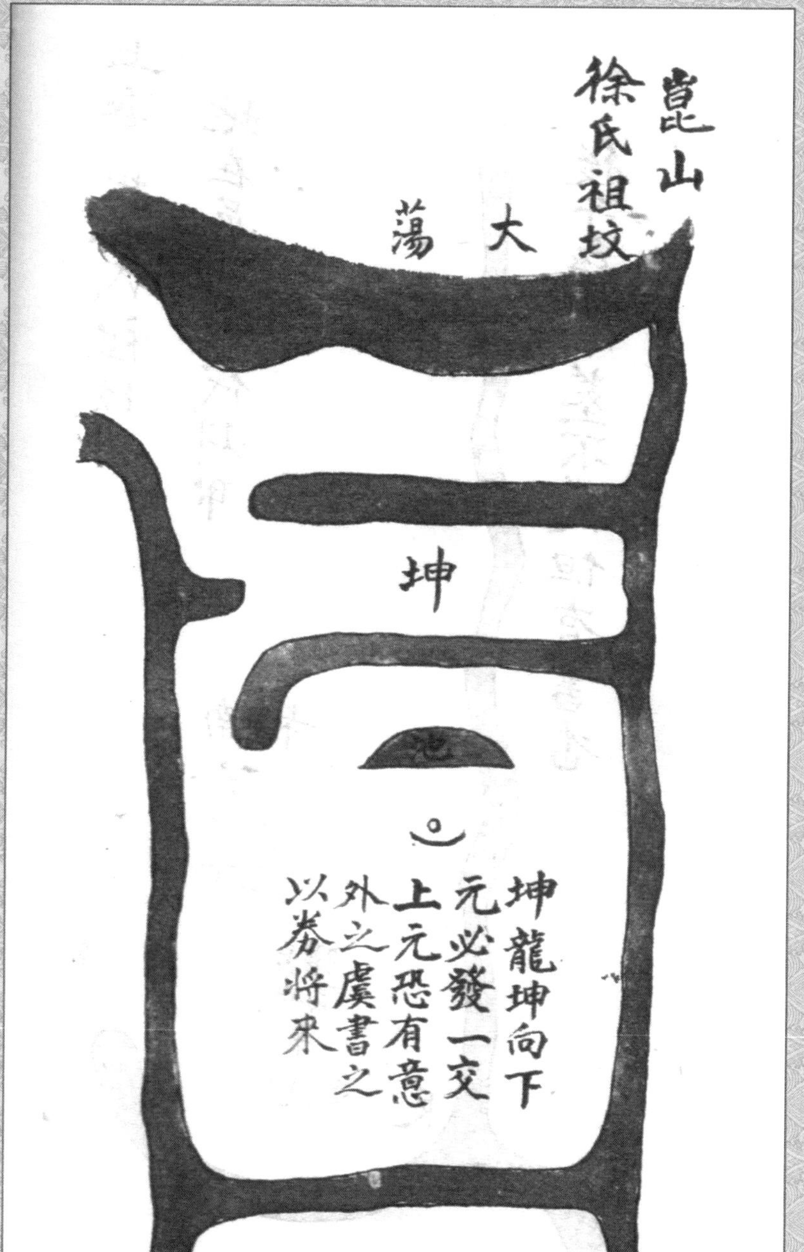
崑山
徐氏祖坟
大蕩
坤
池
坤龍坤向下
元必發一交
上元恐有意
外之虞書之
以券将来

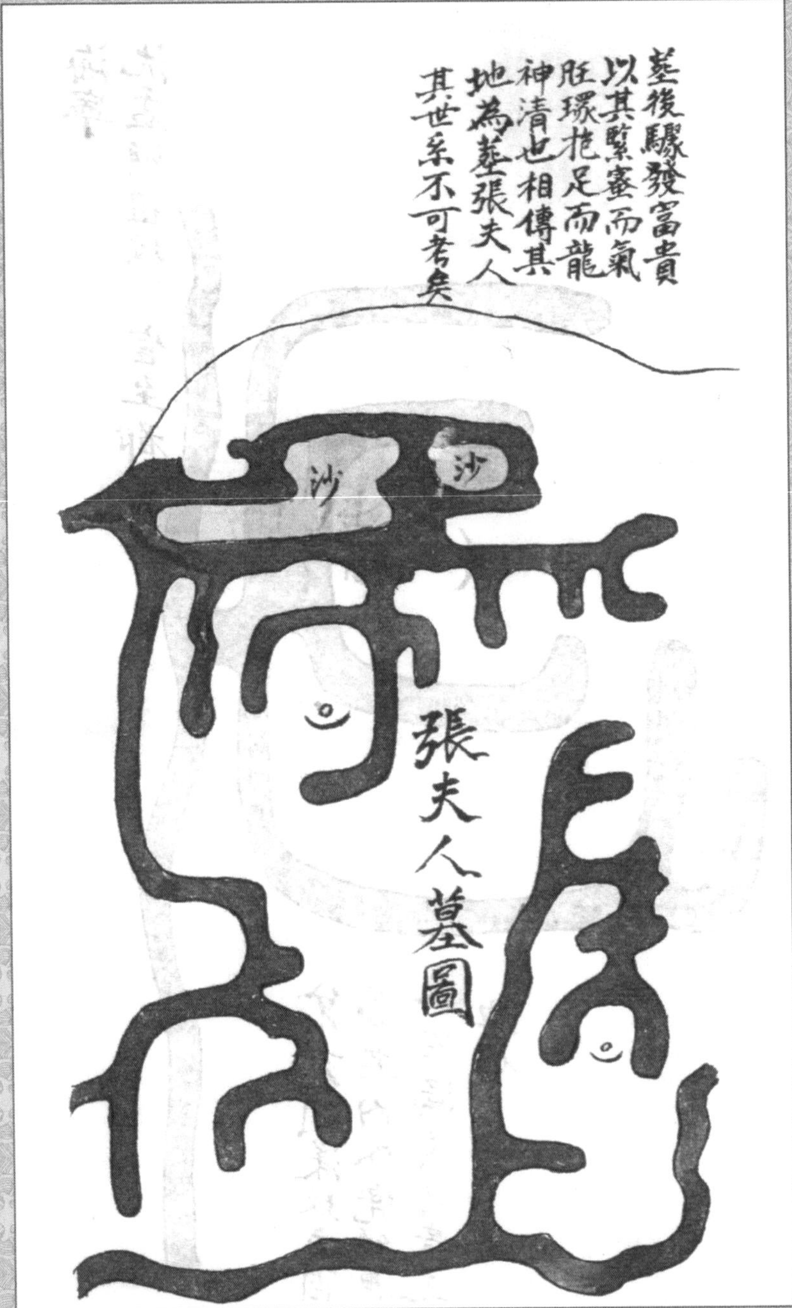
墓後驟發富貴
以其緊塞而氣
旺環抱足而龍
神清也相傳其
地為墓張夫人
其世系不可考矣
沙
沙
張夫人墓圖

海寧

沈孟湖祖坟

官至都給事

兌方開漾坟立酉局其内外兜纏無一洩漏真清貴之地也

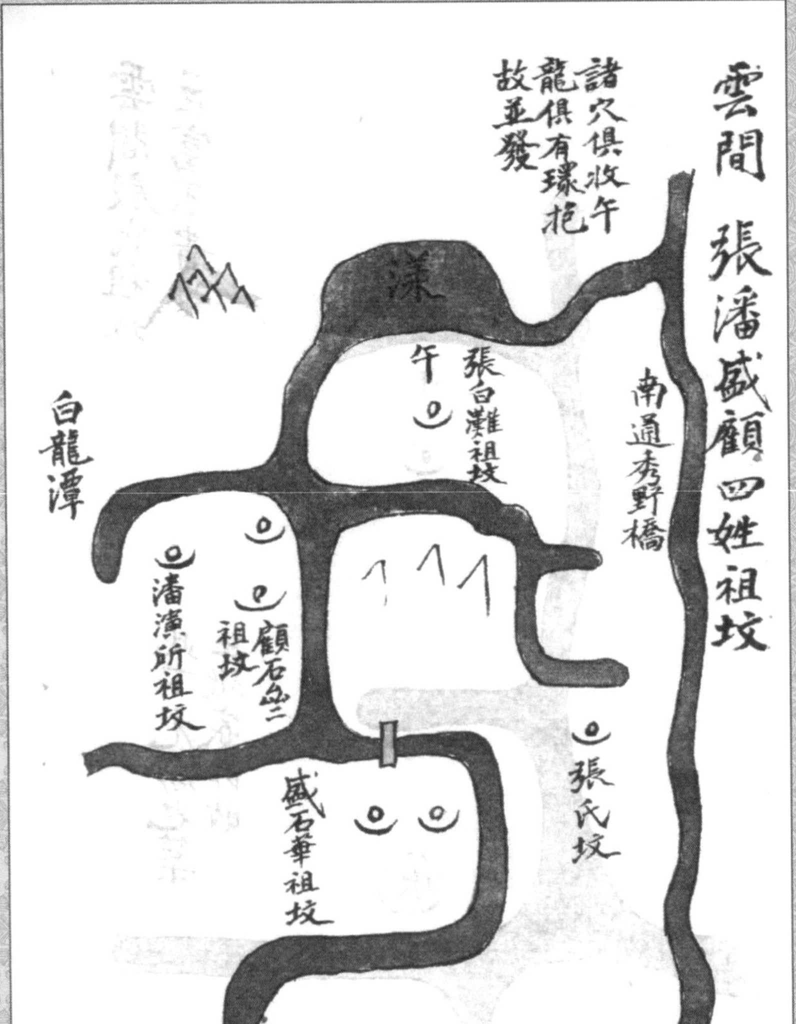
雲間 張潘盛顧四姓祖坟
諸穴俱收午
龍俱有環抱
故並發
漾
午
張白灘祖坟
南通秀野橋
白龍潭
潘濆所祖坟
顧石岳二祖坟
盛石華祖坟
張氏坟
河

雲間殷氏祖坟
巨富不貴

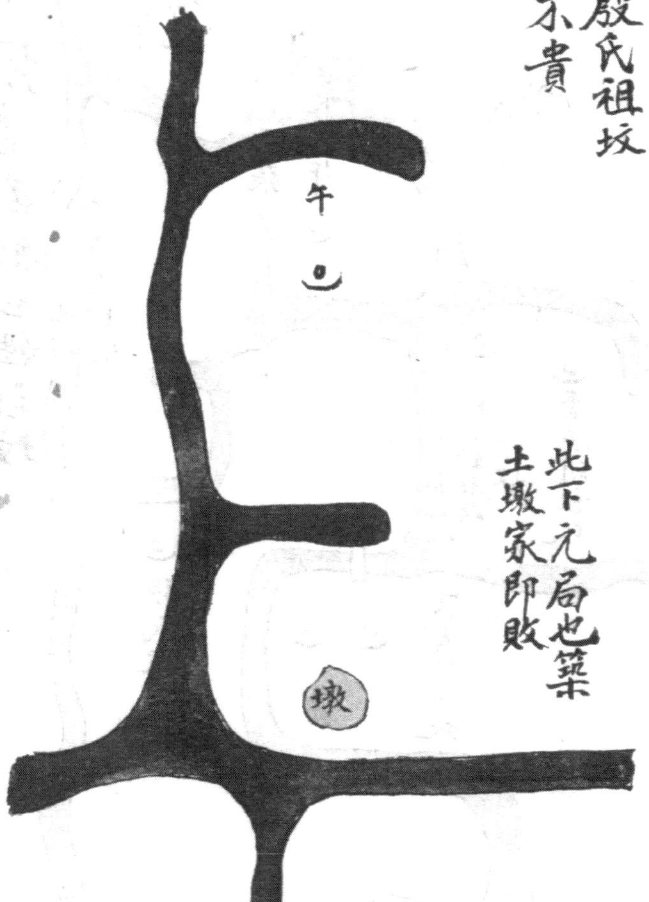

此下元局也築
土墩冢即敗

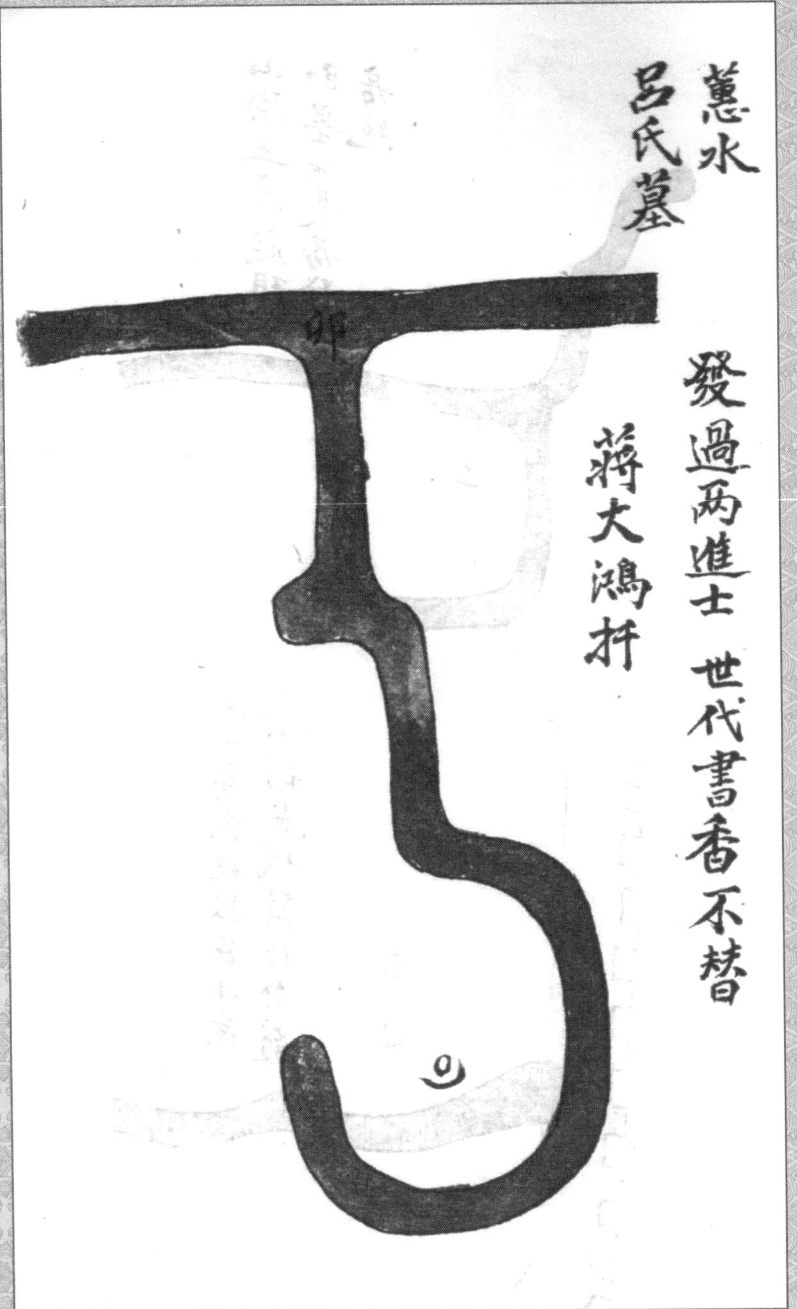
蕙水
呂氏墓
發過兩進士 世代書香不替
蔣大鴻扦
卯

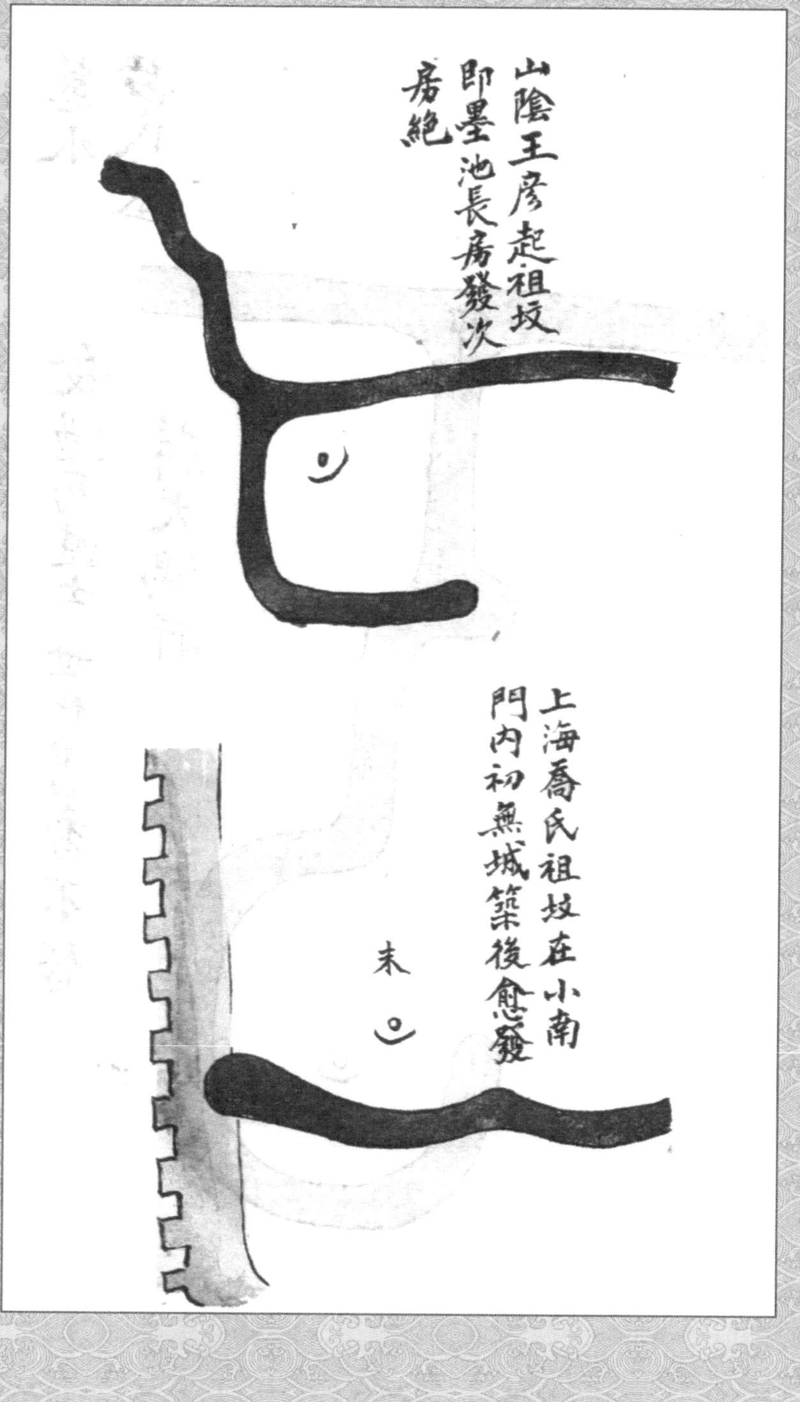
山陰王彥起祖坟即墨池長房發次房絕
上海喬氏祖坟在小南門內初無城築後愈發
未

蔣大鴻先生三元地理遺書

張廷僚字稼夫號惺菴又若鷗又桂陽子

張克鎬字周京號西郡又屏山子

賈步緯先生得此書傳子婿

百忍堂張錫傳家秘書

張錫字清泉號霽峰

火廸生君